# 课读经典 ⑫

# 6 课精读

## 史铁生

### SHI
### TIESHENG

史铁生 / 著

柳旭 / 课读

复旦大學 出版社

# 要趁年轻时啃几部经典
## ——"课读经典"系列丛书序

"屁股下要坐几本书"是曹慕樊师对弟子的告诫。他强调一个人要趁年轻时啃几部经典，这几部经典今后会成为其看家本领，一生都将受用无穷。

去年"世界读书日"前一天，《光明日报》刊发了拙文《阅读习惯与人生未来》。在这篇文章中，我谈到经典阅读常常是挑战性阅读。我把阅读分为消遣性阅读、鉴赏性阅读和挑战性阅读。消遣性阅读就是上网看看明星八卦、海外奇谈，好像无所不看，其实一无所看，不过是打发无聊的时光。下班之后，工作之余，看看文字优美的游记，听听悦耳动人的音乐，翻翻赏心悦目的画册，既能让身心放松，又能陶冶情操，还能获得各种知识，这就是鉴赏性阅读。挑战性阅读就是阅读经典，经典是经过时间淘汰留下来的作品，它们都是人类智慧的结晶。要想挑战自己的智力极限，要想攀登灵魂的珠穆朗玛峰，最佳选择就是挑战性阅读，去阅读那些伟大的经典，去与智者进行精神交流。

在快节奏的时代，人们不仅匆匆忙忙吃快餐食物，也同样匆匆忙忙地品尝精神快餐；不仅中小学生只读节选"名篇"，大学生也只读教材上的"名篇"。我甚至遇到一位研究杜甫接受史的博士，他竟然没有通读过任何一种杜诗注本。如果只读课本上的几首杜诗，你对杜诗可能一无所得，连浅尝辄止也谈不上。明人王世贞在《艺苑卮言》中说："十首以前，少陵较难入。

百首以后，青莲较易厌。"读李白诗百首以后"易厌"，纯属他个人的奇怪感受，但读杜甫诗歌十首以前"难入"，倒是道出了实情。读少数节选名篇"难入"，是阅读经典名著的普遍现象。如果读文学名著，只读几篇或几首名文名诗，便难以走进作家的精神世界，难以把握原著的艺术特征；如果读哲学、历史、经济等学术名著，只读几篇节选段落，那肯定不能了解原著的框架结构，不能明白作者的基本思路和逻辑论证。

读一部经典，不仅要知道经典"说了什么"，还要知道作者是"怎么说的"，有时候后者比前者更重要。只知道"说了什么"，而不知道"怎么说的"，那就像俗话说的那样："知其然而不知其所以然""只知其一而不知其二"。这种学习方式，在聚会时夸夸其谈、对别人炫耀博学尚可，但对自己的思维、想象和写作不会有什么帮助。

五六年前，就"死活读不下去的书"这一话题，一家出版社在网上做过一次问卷调查，统计的结果让所有人大吃一惊。在"死活读不下去"的经典名著中，中国四大古典小说赫然在列，其中《红楼梦》竟然高居榜首，而四部名著中数它的艺术成就最高，也数它被公众吐槽最多。这倒印证了一位西方作家的"昏话"——所谓"经典著作"就是大家都说好，但大家都不读的那些书籍。

谁都知道经典中有无数宝藏,可经典常常"大门紧闭",大家苦于不得其门而入,不知如何在经典中探宝,如何让经典"芝麻开门"。由于时代的隔阂、情感的隔膜、知识修养的不足、审美趣味的差异,加上时间的紧迫和心境的浮躁,对如今许多中小学生来说,经典简直就是"天书"。

怎样给中小学生打开经典宝藏的大门?

复旦大学出版社的"课读经典"系列丛书,就是一把打开经典宝藏的万能钥匙。

"课读经典"系列丛书中谈到的"经典",大都是语文教材中涉及的经典作家和经典作品:或只"课读"一部经典作品,如《课读经典1:11讲精读〈世说新语〉》;或"课读"经典作家及其代表作,如《课读经典5:5课精读契诃夫》。

顾名思义,"课读经典"系列丛书主要面向中小学生,语言像课堂口语那样亲切易懂,一翻开"课读",就像老师亲临课堂,传授学生自学经典的门径,示范阅读经典的方法。只要让学生初尝了经典的"滋味",他们就会终生爱上经典;一旦先生把他们"领进了门",学生自然会"各自去修行"。教师在传授学生自学经典诀窍的同时,也激起了他们自学经典的热情。孔子早就说过:"知之者不如好之者,好之者不如乐之者。"(《论语·雍也》)学生一旦真正喜欢上了经典,他们一生就离不开经典。

许多学生和家长心里会犯嘀咕：政府和教育界的"整本书阅读"计划，初衷当然非常好，但结果不一定妙。花那么多时间在整本阅读经典上，影响考试成绩怎么办？

　　"课读经典"系列丛书的编者，早就考虑到了这个问题。在对经典的"课读"之外，还截取了若干代表性章节与片段，模拟现行阅读考试的方式，设计了阅读思考题，让沉浸式的经典阅读与注重文本阅读的考试无缝对接。这也让学生养成开卷动笔的好习惯，读经典原著务必要做笔记，学生时代还应该做习题。做笔记和习题的目的，是加深对经典的理解和记忆。

　　想想看，假如具备了对经典的"穿透力"，同学们以此来应付考试简直就是"降维打击"——思维能力提高了，阅读能力提高了，写作能力提高了，考分自然也就升上去了。一个百米赛跑冠军，还担心他不会走路？

　　乐为序。

2021 年 5 月 1 日

# 目录

# 第1课

## 黑夜中的点灯人

有一天我认识了神，他有一个更为具体的名字——精神。在科学的迷茫之处，在命运的混沌之点，人唯有乞灵于自己的精神。不管我们信仰什么，都是我们自己的精神的描述和引导。

1951年1月4日，史铁生出生于北京市东城区的一个普通家庭。他患有先天性脊柱裂，所幸有父母无微不至的关爱，他的青少年时光并未因此失去色彩。

　　1964年的秋天，史铁生考上了清华大学附属中学。在学校，史铁生是个运动健将，他的好友孙立哲回忆道："史铁生几乎喜欢所有的体育运动，乒乓球、羽毛球、篮球、排球都能上手。"每逢清华附中的运动会，总能在场上看到他的身影，80米跨栏和足球更是史铁生尤其喜欢的体育项目。除了热衷体育运动之外，在人才济济的清华附中，史铁生的学业成绩也出类拔萃。史铁生的语文老师董玉英曾对他的作文称赞有加，他的写作之才声名远扬。在当时，史铁生是年级里公认的德智体全面发展的好学生。

　　1966年，"文化大革命"爆发，当红卫兵运动席卷清华附中时，史铁生受阶级成分影响，无法融入革命队伍。史铁生的爷爷早年是河北省涿州市的大地主，后家道中落，奶奶则属于"摘帽地主"。史铁生的姥爷曾是一位抗日英雄，也是地方教育的推动者。1949年前，姥爷曾在国民党政府担任官员。1949年后，"据说是他当年的一个属下，给他编造了好些个没影儿的事"（《一个人形空白》），他在一次"镇反"中被枪决。阶级成分问题成为史铁生隐秘的痛楚。

　　1967年，史铁生从清华附中毕业。在上山下乡潮中，史铁生主动报名，母亲心急如焚，带着儿子先天性脊柱裂的医学证明找到相关部门，希望能取消他的报名。然而史铁生十分坚定，他带着投身知青运动的热情，抱着对浪漫田园生活的向往，执意要去革命圣地延安插队。18岁那年，史铁生义无反顾地踏上了从北京开往陕北的火车。陕北自然环境恶劣,尤其到了冬天,天寒地冻,农村条件艰苦,没有暖气,再加上辛苦的劳作,史铁生的身体不堪重负,常常腰腿疼痛难忍。1969年4月,史铁生不得不返京治病。在京治疗后,他的腰疾有所缓解,史铁生又和好友返回村子。虽然此后史铁生被安排了较为轻松的放牛工作,但有天突降暴雨冰雹,他淋雨后高烧不退,卧床不起。1971年9月,史铁生病况加剧,再次回京治疗。他一开始很乐观,以为"十天,一个月,好吧,就算是三个月,然后我就又能是原来的样子了"。可是他怎么都没想到问题出在脊椎上"将是一件多么麻烦的事"(《我二十一岁那年》)。医生最终的检查结果是"多发性脊髓硬化症",他下肢彻底瘫痪了,那年他刚好21岁。

"二十一岁那年"是史铁生人生中具有历史意味的时间标志:用史铁生自己的话来说就是"活到最狂妄的年龄上忽地残废了双腿"(《我与地坛》),内心的焦灼、不安、迷惘纷至沓来,可以说这是他人生的"至暗时刻",但同时他也开始了从疾病、伤痛中寻求精神超越的新纪元。正如史铁生在《病隙碎笔》中所写的那样,"进退维谷之日正可能是别有洞天之时"。

史铁生在《我二十一岁那年》中写道:"二十一岁末尾,双腿彻底背叛了我,我没死,全靠着友谊。"还在插队的朋友们通过书信的方式不断地给予他鼓励和支持,而那些已经回到北京的同学,则亲自来到医院探望他,他们的陪伴给了史铁生安慰。

渐渐地,他意识到"人活一天就不要白活……慢慢地去做些事,于是慢慢地有了活的兴致和价值感"(《我二十一岁那年》)。为了生计,史铁生在北京北新桥街道工厂找了一份临时工作——在仿古家具上画山水和花鸟,有时还画彩蛋。这份工作只是为了谋生,他其实并不喜欢。"除去给人家画彩蛋,我想我还应该再干点儿别的事,先后改变了几次主意,最后想学写作。"(《合欢树》)

经历人生的至暗时刻,史铁生的灵魂未曾屈服于阴霾。他以笔为剑,削破沉沉夜色,跌跌撞撞中用写作为自己开辟了一条光明之路。苦难如土壤,他的创作在其间悄然孕育,一旦笔触绽放,便是心灵深处最真挚的表达,像是从苦痛中绽放的花朵,展现出惊人的美丽与力量。

散文《秋天的怀念》《合欢树》《我与地坛》《我二十一岁那年》《好运设计》等,小说《我遥远的清平湾》《奶奶的星星》《命若琴弦》等,这些文学珍品接踵而至,深深打动了无数读者的心。

写作是史铁生心灵的出口,身体的残疾、心灵的压抑通过写作这个出口得以释放,让其精神世界显现和获得理解。同时,他也因写作收获了真爱。彼时,还是西北大学《希望》杂志编辑的陈希米,在阅读史铁生的文字时,被其深邃的内涵与独特的魅力深深吸引。他们的交流始于文字,从灵魂的交流逐渐演变成心灵的契合。长达十年的书信往来,不仅是一段精神上的旅程,也是情感的慢慢累积,随着时间的沉淀,逐渐转化为彼此心灵深处的相依。1989年6月,陈希米和史铁生喜结连理。

然而,命运的转折总是出人意料。1998年,47岁的史铁生被诊断出患有尿毒症,从此,为了维系生命,他必须坚持血液透析。最初,透析每周两次,后因病情加重变为每周三次。在与病魔殊死搏斗的同时,史铁生的创作之火从未熄灭。他在疾病的阴霾与生命的光亮之间,孕育出《病隙碎笔》《记忆与印象》《我的丁一之旅》等一系列充满深意的作品。如同在冰冷的透析机旁绽放的暖色花朵,既坚韧美丽,又散发着哲思的光辉。这些作品不仅记录了史铁生与病魔斗争的每一个瞬间,更是他对生与死、残缺与爱情、苦难与信仰、写作与艺术等重大问题深入思考的昭示。

2010年12月31日凌晨,史铁生突发脑溢血逝世,享年59岁。按照史铁生的遗愿,死后要将自己能用的器官捐给有需要的人。弥留之际的史铁生为了完成器官捐献,经过数次艰辛的转院,最终来到了武警总医院。在那里,经过长达九小时的手术,史铁生的肝脏被成功移植到一位配型成功的天津肝癌病患身上。史铁生的生命之光并未随他的离去而熄灭,而以另一种形式"让'死'活下去",为他人的生命带来了续航之力。

纵观史铁生的一生,可谓命运多舛,2002年度华语文学传媒大奖杰出成就奖授奖词称他"用残缺的身体,说出了最为健全而丰满的思想。他体验到的是生命的苦难,表达出的却是存在的明朗和欢乐"。

阅读史铁生的作品常常带给人深刻的内省和宁静的美感,让我联想到《舟夜书所见》中描绘的情景:"月黑见渔灯,孤光一点萤。微微风簇浪,散作满河星。"像是一幅宁静美妙的河上夜景图。

他在人生旅途的转折点上,探索生命的价值与意义;在与死亡搏斗的绝望深渊中,洞察生与死的真谛;在向内的思考剖析中,寻找超越生存困境的方式。因此,他的文字犹如黑夜中的一盏渔灯,既映照着他从生到死再到重生的U型人生之旅,也指引着迷途者找寻心灵的归途,照亮着他们前行的路径。

他的文字除了给人平静、温暖的感受之外,还充满哲思,给人以启迪。叶立文老师的《史铁生评传》中有这样一段话:"史铁生在面对人生百态和宇宙万物时习惯于穷极一切,由此形成的思辨风格和哲学气质,自然也深刻影响了他的文学创作。"[1]

史铁生就像一位点灯人,身处于灰暗之中,却不知疲倦地把黑夜照亮。在广阔而深邃的人生河流中,他用文字点亮一个个思考生命与存在的瞬间。虽然他已经离开人世,但他的作品如夜晚的渔灯,坚定地闪烁着,犹如微风拂过水面,轻轻激起心灵的涟漪,又如点点星光,散落在每个读者的心海之中,提醒着一代又一代的读者珍惜眼前的幸福,把握亲情、友情和爱情。他引导我们重视过程,"你立于目的的绝境却实现着、欣赏着、饱尝着过程的精彩,你便把绝境送上了绝境"(《好运设计》)。他指引人们在思辨中前行,不仅为了到达远方的目的地,更为了沿途的风景和成就更好的自我。他引领人们不断地自我反思和自我提升,让自己的内心世界变得更加深邃和丰富。

---

1　叶立文:《史铁生评传》,河南文艺出版社,2018年,第2—3页。

# 我二十一岁那年 [1]

友谊医院神经内科病房有十二间病室，除去1号2号，其余十间我都住过。当然，绝不为此骄傲。即便多么骄傲的人，据我所见，一躺上病床也都谦恭。1号和2号是病危室，是一步登天的地方，上帝认为我住那儿为时尚早。

十九年前，父亲搀扶着我第一次走进那病房。那时我还能走，走得艰难，走得让人伤心就是了。当时我有过一个决心：要么好，要么死，一定不再这样走出来。

正是晌午，病房里除了病人的微鼾，便是护士们轻极了的脚步，满目洁白，阳光中飘浮着药水的味道，如同信徒走进了庙宇，我感觉到了希望。一位女大夫把我引进10号病室。她贴近我的耳朵轻轻柔柔地问："午饭吃了没？"我说："您说我的病还能好吗？"她笑了笑。记不得她怎样回答了，单记得她说了一句什么之后，父亲的愁眉也略略地舒展。女大夫步履轻盈地走后，我永远留住了一个偏见：女人是最应该当大夫的，白大褂是她们最优雅的服装。

那天恰是我二十一岁生日的第二天。我对医学对命运都还未及了解，不知道病出在脊髓上将是一件多么麻烦的事。我舒心地躺下来睡了个好觉。心想：十天，一个月，好吧，就算是

---

1 本书选文由陈希米女士提供，大体保留史铁生作品原貌。

三个月,然后我就又能是原来的样子了。和我一起插队的同学来看我时,也都这样想,他们给我带来很多书。

10号有六个床位。我是6床。5床是个农民,他天天都盼着出院。"光房钱一天就一块一毛五,你算算得啦,"5床说,"死呗可值得了这么些?"3床就说:"得了嘿,你有完没完!死死死,数你悲观。"4床是个老头儿,说:"别价别价,咱毛主席有话啦——既来之,则安之。"农民便带笑地把目光转向我,却是对他们说:"敢情你们都有公费医疗。"他知道我还在与贫下中农相结合。1床不说话,1床一旦说话即可出院。2床像是个有些来头的人,举手投足之间便赢得大伙儿的敬畏。2床幸福地把一切名词都忘了,包括忘了自己的姓名。2床讲话时,所有名词都以"这个""那个"代替,因而讲到一些轰轰烈烈的事迹却听不出是谁人所为。4床说:"这多好,不得罪人。"

我不搭茬儿。刚有的一点舒心顷刻全光。一天一块多房钱都要从父母的工资里出,一天好几块的药钱、饭钱都要从父母的工资里出,何况为了给我治病家中早已是负债累累了。我马上就想那农民之所想了:什么时候才能出院呢?我赶紧松开拳头让自己放明白点:这是在医院不是在家里,这儿没人会容忍我发脾气,而且砸坏了什么还不是得用父母的工资去赔?所幸身边有书,想来想去只好一头埋进书里去,好吧好吧,就算是三个月!我平白地相信这样一个期限。

可是三个月后我不仅没能出院,病反而更厉害了。

那时我和2床一起住到了7号。2床果然不同寻常,是位局长,11级干部,但还是多了一级,非10级以上者无缘去住高干病房的单间。7号是这普通病房中唯一仅设两张病床的房间,最接近单间,故一向由最接近10级的人去住。据说刚有个13

级从这儿出去。2床搬来名正言顺。我呢?护士长说是"这孩子爱读书",让我帮助2床把名词重新记起来。"你看他连自己是谁都闹不清了。"护士长说。但2床却因此越来越让人喜欢,因为"局长"也是名词,也在被忘之列,我们之间的关系日益平等、融洽。有一天他问我:"你是干什么的?"我说:"插队的。"2床说他的"那个"也是,两个"那个"都是,他在高出他半个头的地方比画一下:"就是那两个,我自己养的。""您是说您的两个儿子?"他说对,儿子。他说好哇,革命嘛就不能怕苦,就是要去结合。他说:"我们当初也是从那儿出来的嘛。"我说:"农村?""对对对。什么?""农村。""对对对农村。别忘本呀!"我说是。我说:"您的家乡是哪儿?"他于是抱着头想好久。这一回我也没办法提醒他。最后他骂一句,不想了,说:"我也放过那玩意儿。"他在头顶上伸直两个手指。"是牛吗?"他摇摇头,手往低处一压。"羊?""对了,羊。我放过羊。"他躺下,双手垫在脑后,甜甜蜜蜜地望着天花板老半天不言语。大夫说他这病叫作"角回综合征,命名性失语",并不影响其他记忆,尤其是遥远的往事更都记得清楚。我想局长到底是局长,比我会得病。他忽然又坐起来:"我的那个,喂,小什么来?""小儿子?""对!"他怒气冲冲地跳到地上,说:"那个小玩意儿,娘个×!"说:"他要去结合,我说好嘛我支持。"说:"他来信要钱,说要办个这个。"他指了指周围。我想"那个小玩意儿"可能是要办个医疗站。他说:"好嘛,要多少?我给。可那个小玩意儿!"他背着手气哼哼地来回走,然后停住,两手一摊,"可他又要在那儿结婚!""在农村?""对,农村。""跟农民?""跟农民。"无论是根据我当时的思想觉悟,还是根据报纸电台当时的宣传倡导,这都是值得肃然起敬的。"扎根派。"我钦佩地说。"娘了个×派!"他说,"可你还要不要回来嘛!"这下我有点儿发蒙。见我愣着，他又一跺脚，补充道："可你还要不要革命？！"这下我懂了，先不管革命是什么，2床的坦诚都令人欣慰。

不必去操心那些玄妙的逻辑了。整个冬天就快过去，我反倒挂着拐杖都走不到院子里去了，双腿日甚一日地麻木，肌肉无可遏止地萎缩，这才是需要发愁的。

我能住到7号来，事实上是因为大夫护士们都同情我。因为我还这么年轻，因为我是自费医疗，因为大夫护士都已经明白我这病的前景极为不妙，还因为我爱读书——在那个"知识越多越反动"的年代，大夫护士们尤为喜爱一个爱读书的孩子。他们都还把我当孩子。他们的孩子有不少也在插队。护士长好几次在我母亲面前夸我，最后总是说："唉，这孩子……"这一声叹，暴露了当代医学的爱莫能助。他们没有别的办法帮助我，只能让我住得好一点，安静些，读读书吧——他们可能是想，说不定书中能有"这孩子"一条路。

可我已经没了读书的兴致。整日躺在床上，听各种脚步从门外走过；希望他们停下来，推门进来，又希望他们千万别停：走过去走你们的路去别来烦我。心里荒荒凉凉地祈祷：上帝如果你不收我回去，就把能走路的腿也给我留下！我确曾在没人的时候双手合十，出声地向神灵许过愿。多年以后才听一位无名的哲人说过：危卧病榻，难有无神论者。如今来想，有神无神并不值得争论，但在命运的混沌之点，人自然会忽略着科学，向虚冥之中寄托一份虔敬的祈盼。正如迄今人类最美好的向往也都没有实际的验证，但那向往并不因此消灭。

主管大夫每天来查房，每天都在我的床前停留得最久："好吧，别急。"按规矩主任每星期查一次房，可是几位主任时常都来看看我："感觉怎么样？嗯，一定别着急。"有那么些天全科的大夫都来看我，八小时以内或以外，单独或结队来，检查一番各抒主张,然后都对我说:"别着急,好吗？千万别急。"从他们谨慎的言谈中我渐渐明白了一件事:我这病要是因为一个肿瘤的捣鬼,把它找出来切下去随便扔到一个垃圾桶里,我就还能直立行走,否则我多半就把祖先数百万年进化而来的这一优势给弄丢了。

窗外的小花园里已是桃红柳绿,二十二个春天没有哪一个像这样让人心抖。我已经不敢去羡慕那些在花丛树行间漫步的健康人和在小路上打羽毛球的年轻人。我记得我久久地看过一个身着病服的老人,在草地上踱着方步晒太阳——只要这样我想只要这样！只要能这样就行了就够了！我回忆脚踩在软软的草地上是什么感觉,想走到哪儿就走到哪儿是什么感觉,踢一颗路边的石子,踢着它走是什么感觉。没这样回忆过的人不会相信,那竟是回忆不出来的！老人走后我仍呆望着那块草地,阳光在那儿慢慢地淡薄,脱离,凝作一缕孤哀凄寂的红光一步步爬上墙,爬上楼顶……我写下一句歪诗:轻拨小窗看春色,漏入人间一斜阳。日后我摇着轮椅特意去看过那块草地,并从那儿张望7号窗口,猜想那玻璃后面现在住的谁,上帝打算为他挑选什么前程。当然,上帝用不着征求他的意见。

我乞求上帝不过是在和我开着一个临时的玩笑——在我的脊椎里装进了一个良性的瘤子。对对,它可以长在椎管内,但必须要长在软膜外,那样才能把它剥离而不损坏那条珍贵的脊髓。"对不对,大夫?""谁告诉你的?""对不对吧?"大夫说:"不过,看来不太像肿瘤。"我用目光在所有的地方写下"上帝保佑",我想,或许把这四个字写到千遍万遍就会赢得上帝的怜悯,让它是个瘤子,一个善意的瘤子。要么干脆是个恶毒的瘤子,能要命的那一种,那也行。总归得是瘤子,上帝！

朋友送了我一包莲子,无聊时我捡几颗泡在瓶子里,想,赌不赌一个愿？——要是它们能发芽，我的病就不过是个瘤子。但我战战兢兢地一直没敢赌。谁料几天后莲子竟都发芽。我想好吧我赌！我想其实我压根儿是倾向于赌的。我想倾向于赌事实上就等于是赌了。我想现在我还敢赌——它们一定能长出叶子！（这是明摆着的。）我每天给它们换水，早晨把它们移到窗台西边，下午再把它们挪到东边，让它们总在阳光里；为此我抓住床栏走，扶住窗台走，几米路我走得大汗淋漓。这事我不说，没人知道。不久，它们长出一片片圆圆的叶子来。"圆"，又是好兆。我更加周到地侍候它们，坐回到床上气喘吁吁地望着它们，夜里醒来在月光中也看看它们：好了，我要转运了。并且忽然注意到"莲"与"怜"谐音，毕恭毕敬地想：上帝终于要对我发发慈悲了吧？这些事我不说没人知道。叶子长出了瓶口，闲人要去摸，我不让，他们硬是摸了呢，我便在心里加倍地祈祷几回。这些事我不说，现在也没人知道。然而科学胜利了，它三番五次地说那儿没有瘤子，没有没有。果然，上帝直接在那条娇嫩的脊髓上做了手脚！定案之日，我像个冤判的屈鬼那样疯狂地作乱，挣扎着站起来，心想干吗不能跑一回给那个没良心的上帝瞧瞧？后果很简单，如果你没摔死你必会明白：确实，你干不过上帝。

我终日躺在床上一言不发，心里先是完全的空白，随后由着一个死字去填满。王主任来了。（那个老太太，我永远忘不了她。还有张护士长。八年以后和十七年以后，我有两次真的病到了死神门口，全靠这两位老太太又把我抢下来。）我面向墙躺着，王主任坐在我身后许久不说什么，然后说了，话并不多，大意是：还是看看书吧，你不是爱看书吗？人活一天就不要白活。将来你工作了，忙得一点儿时间都没有，你会后悔这段时光就让它这么白白地过去了。这些话当然并不能打消我的死念，但这些话我将受用终生，在以后的若干年里我频繁地对死神抱有过热情，但在未死之前我一直记得王主任这些话，因而还是去做些事。使我没有去死的原因很多（我在另外的文章里写过），"人活一天就不要白活"亦为其一，慢慢地去做些事，于是慢慢地有了活的兴致和价值感。有一年我去医院看她，把我写的书送给她，她已是满头白发了，退休了，但照常在医院里从早忙到晚。我看着她想，这老太太当年必是心里有数，知道我还不至去死，所以她单给我指一条活着的路。可是我不知道当年我搬离7号后，是谁最先在那儿发现过一团电线，并对此做过什么推想？那是个秘密，现在也不必说。假定我那时真的去死了呢？我想找一天去问问王主任。我想，她可能会说"真要去死那谁也管不了"，可能会说"要是你找不到活着的价值，迟早还是想死"，可能会说"想一想死倒也不是坏事，想明白了倒活得更自由"，可能会说"不，我看得出来，你那时离死神还远着呢，因为你有那么多好朋友"。

友谊医院——这名字叫得好。"同仁""协和""博爱""济慈"，这样的名字也不错，但或稍嫌冷静，或略显张扬，都不如"友谊"听着那么平易、亲近。也许是我的偏见。二十一岁末尾，双腿彻底背叛了我，我没死，全靠着友谊。还在乡下插队的同学不断写信来，软硬兼施劝骂并举，以期激起我活下去的勇气；已转回北京的同学每逢探视日必来看我，甚至非探视日他们也能进来。"怎进来的你们？""咳，闭上一只眼睛想一会儿就进来了。"这群插过队的，当年可以凭一张站台票走南闯北，甭担心还有他们走不通的路。那时我搬到了加号。加号原本不是病房，里面有个小楼梯间，楼梯间弃置不用了，余下的地方仅够放一张床,虽然窄小得像一节烟筒,但毕竟是单间,光景固不可比10级,却又非11级可比。这又是大夫护士们的一番苦心,见我的朋友太多,都是少男少女,难免说笑得不管不顾,既不能影响了别人又不可剥夺了我的快乐,于是给了我10.5级的待遇。加号的窗口朝向大街,我的床紧挨着窗,在那儿我度过了二十一岁中最惬意的时光。每天上午我就坐在窗前清清静静地读书,很多名著我都是在那时读到的,也开始像模像样地学着外语。一过中午,我便直着眼睛朝大街上眺望,尤其注目骑车的年轻人和5路汽车的车站,盼着朋友们来。有那么一阵子我暂时忽略了死神。朋友们来了,带书来,带外面的消息来,带安慰和欢乐来,带新朋友来,新朋友又带新的朋友来,然后都成了老朋友。以后的多少年里,友谊一直就这样在我身边扩展,在我心里深厚。把加号的门关紧,我们自由地嬉笑怒骂,毫无顾忌地议论世界上所有的事,高兴了还可以轻声地唱点什么——陕北民歌,或插队知青自己的歌。晚上朋友们走了,在小台灯幽寂而又喧嚣的光线里,我开始想写点什么,那便是我创作欲望最初的萌生。我一时忘记了死,还因为什么?还因为爱情的影子在隐约地晃动。那影子将长久地在我心里晃动,给未来的日子带来幸福也带来痛苦,尤其带来激情,把一个绝望的生命引领出死谷。无论是幸福还是痛苦,都会成为永远的珍藏和神圣的纪念。

二十一岁、二十九岁、三十八岁,我三进三出友谊医院,我没死,全靠了友谊。后两次不是我想去勾结死神,而是死神对我有了兴趣;我高烧到四十多度,朋友们把我抬到友谊医院,内科说没有护理截瘫病人的经验,柏大夫就去找来王主任,找来张护士长,于是我又住进神内病房。尤其是二十九岁那次,高烧不退,整天昏睡、呕吐,差不多三个月不敢闻饭味,光用血管去喝葡萄糖,血压也不安定,先是低压升到一百二十接着高压又降到六十,大夫们一度担心我活不过那年冬天了——肾,好像是接近完蛋的模样,治疗手段又像是接近于无了。我的同学找柏大夫商量,他们又一起去找唐大夫:要不要把这事告诉我父亲?他们决定:不。告诉他,他还不是白着急?然后他们分了工:死的事由我那同学和柏大夫管,等我死了由他们去向我父亲解释;活着的我由唐大夫多多关照。唐大夫说:"好,我以教学的理由留他在这儿,他活一天就还要想一天办法。"真是人不当死鬼神奈何其不得,冬天一过我又活了,看样子极可能活到下一个世纪去。唐大夫就是当年把我接进10号的那个女大夫,就是那个步履轻盈温文尔雅的女大夫,但八年过去她已是两鬓如霜了。又过了九年,我第三次住院时唐大夫已经不在。听说我又来了,科里的老大夫、老护士们都来看我,问候我,夸我的小说写得还不错,跟我叙叙家常,唯唐大夫不能来了。我知道她不能来了,她不在了。我曾摇着轮椅去给她送过一个小花圈,大家都说:她是累死的,她肯定是累死的!我永远记得她把我迎进病房的那个中午,她贴近我的耳边轻轻柔柔地问:"午饭吃了没?"倏忽之间,怎么,她已经不在了?她不过才五十岁出头。这事真让人哑口无言,总觉得不大说得通,肯定是谁把逻辑摆弄错了。

但愿柏大夫这一代的命运会好些。实际只是当着众多病人时我才叫她柏大夫。平时我叫她"小柏",她叫我"小史"。她开玩笑时自称是我的"私人保健医",不过这不像玩笑这很近实情。近两年我叫她"老柏"她叫我"老史"了。十九年前的深秋,病房里新来了个卫生员,梳着短辫儿,戴一条长围巾穿一双黑灯芯绒鞋,虽是一口地道的北京城里话,却满身满脸的乡土气尚未褪尽。"你也是插队的?"我问她。"你也是?"听得出来,她早已知道了。"你哪届?""老初二,你呢?""我六八,老初一。你哪儿?""陕北。你哪儿?""我内蒙古。"这就行了,全明白了,这样的招呼是我们这代人的专利,这样的问答立刻把我们拉近。我料定,几十年后这样的对话仍会在一些白发苍苍的人中间流行,仍是他们之间最亲切的问候和最有效的沟通方式;后世的语言学者会煞费苦心地对此做一番考证,正儿八经地写一篇论文去得一个学位。而我们这代人是怎样得一个学位的呢? 十四五岁停学,十七八岁下乡,若干年后回城,得一个最被轻视的工作,但在农村待过了还有什么工作不能干的呢?同时学心不死业余苦读,好不容易上了个大学,毕业之后又被轻视——因为真不巧你是个"工农兵学员",你又得设法摘掉这个帽子,考试考试考试这代人可真没少考试,然后用你加倍的努力让老的少的都服气,用你的实际水平和能力让人们相信你配得上那个学位——比如说,这就是我们这代人得一个学位的典型途径。这还不是最坎坷的途径。"小柏"变成"老柏",那个卫生员成为柏大夫,大致就是这么个途径,我知道,因为我们已是多年的朋友。她的丈夫大体上也是这么走过来的,我们都是朋友了;连她的儿子也叫我"老史"。闲下来细细去品,这个"老史"最令人羡慕的地方,便是一向活在友谊中。真说不定,这与我二十一岁那年恰恰住进了"友谊"医院有关。

因此偶尔有人说我是活在世外桃源,语气中不免流露了一点讥讽,仿佛这全是出于我的自娱甚至自欺。我颇不以为然。我既非活在世外桃源,也从不相信有什么世外桃源。但我相信世间桃源,世间确有此源,如果没有恐怕谁也就不想再活。倘此源有时弱小下去,依我看,至少讥讽并不能使其强大。千万年来它作为现实，更作为信念，这才不断。它源于心中再流入心中，它施于心又由于心，这才不断。欲其强大，舍心之虔诚又向何求呢？

也有人说我是不是一直活在童话里，语气中既有赞许又有告诫。赞许并且告诫，这很让我信服。赞许既在，告诫并不意指人们之间应该加固一条防线，而只是提醒我：童话的缺憾不在于它太美，而在于它必要走进一个更为纷繁而且严酷的世界，那时只怕它太娇嫩。

事实上二十一岁那年，上帝已经这样提醒我了，他早已把他的超级童话和永恒的谜语向我略露端倪。

住在4号时，我见过一个男孩儿。他那年七岁，家住偏僻的山村，有一天传说公路要修到他家门前了，孩子们都翘首以待好梦联翩。公路终于修到，汽车终于开来，乍见汽车，孩子们惊讶兼着胆怯，远远地看。日子一长孩子便有奇想，发现扒住卡车的尾巴可以威风凛凛地兜风，他们背着父母玩儿得好快活。可是有一次，只一次，这七岁的男孩儿失手从车上摔了下来。他住进医院时已经不能跑，四肢肌肉都在萎缩。病房里很寂寞，孩子一瘸一瘸地到处串；淘得过分了，病友们就说他："你说说你是怎么伤的？"孩子立刻低了头，老老实实地一动不动。"说呀？""说，因为什么？"孩子嗫嚅着。"喂，怎么不说呀？给忘啦？""因为扒汽车。"孩子低声说。"因为淘气。"孩子补充道。他在诚心诚意地承认错误。大家都沉默，除了他自己谁都知道：这孩子伤在脊髓上，那样的伤是不可逆的。孩子仍不敢动，规规矩矩地站着用一双正在萎缩的小手擦眼泪。终于会有人先开口，语调变得哀柔："下次还淘不淘了？"孩子很熟悉这样的宽容或原谅，马上使劲摇头："不，不，不了！"同时松了一口气。但这一回不同以往，怎么没有人接着向他允诺"好啦，只要改了就还是好孩子"呢？他睁大眼睛去看每一个大人，那意思是：还不行吗？再不淘气了还不行吗？他不知道，他还不懂，命运中有一种错误是只能犯一次的，并没有改正的机会；命运中有一种并非是错误的错误（比如淘气，是什么错误呢？），但这却是不被原谅的。那孩子小名叫"五蛋"，我记得他，那时他才七岁，他不知道，他还不懂。未来，他势必有一天会知道，可他势必有一天就会懂吗？但无论如何，那一天就是一个童话的结尾。在所有童话的结尾处，让我们这样理解吧：上帝为了锤炼生命，将布设下一个残酷的谜语。

住在6号时，我见过有一对恋人。那时他们正是我现在的年纪，四十岁。他们是大学同学。男的二十四岁时本来就要出国留学，日期已定，行装都备好了，可命运无常，不知因为什么屁大的一点事不得不拖延一个月，偏就在这一个月里因为一次医疗事故他瘫痪了。女的对他一往情深，等着他，先是等着他病好，没等到；然后还等着他，等着他同意跟她结婚，还是没等到。外界的和内心的阻力重重，一年一年，男的既盼着她来又说服着她走。但一年一年，病也难逃爱也难逃，女的就这么一直等着。有一次她狠了狠心，调离北京到外地去工作了，但是斩断感情却不这么简单，而且再想调回北京也不这么简单，女的只要有三天假期也迢迢千里地往北京跑。男的那时病更重了，全身都不能动了，和我同住一个病室。女的走后，男的对我说过：你要是爱她，你就不能害她，除非你不爱她，可那你又为什么要结婚呢？男的睡着了，女的对我说过：我知道他这是爱我，可他不明白其实这是害我，我真想一走了事，我试过，不行，我知道我没法儿不爱他。女的走了男的又对我说过：不不，她还年轻，她还有机会，她得结婚，她这人不能没有爱。男的睡了，女的又对我说过：可什么是机会呢？机会不在外边而在心里,结婚的机会有可能在外边,可爱情的机会只能在心里。女的不在时,我把她的话告诉男的,男的默然垂泪。我问他:"你干吗不能跟她结婚呢?"他说:"这你还不懂。"他说:"这很难说得清,因为你活在整个这个世界上。"他说:"所以,有时候这不是光由两个人就能决定的。"我那时确实还不懂。我找到机会又问女的:"为什么不是两个人就能决定的?"她说:"不,我不这么认为。"她说:"不过确实,有时候这确实很难。"她沉吟良久,说:"真的,跟你说你现在也不懂。"十九年过去了,那对恋人现在该已经都是老人。我不知道现在他们各自在哪儿,我只听说他们后来还是分手了。十九年中,我自己也有过爱情的经历了,现在要是有个二十一岁的人问我爱情都是什么,大概我也只能回答:真的,这可能从来就不是能说得清的。无论她是什么,她都很少属于语言,而是全部属于心的。还是那位台湾作家三毛说得对:爱如禅,不能说不能说,一说就错。那也是在一个童话的结尾处,上帝为我们能够永远地追寻着活下去,而设置的一个残酷却诱人的谜语。

二十一岁过去,我被朋友们抬着出了医院,这是我走进医院时怎么也没料到的。我没有死,也再不能走,对未来怀着希望也怀着恐惧。在以后的年月里,还将有很多我料想不到的事发生,我仍旧有时候默念着"上帝保佑"而陷入茫然。但是有一天我认识了神,他有一个更为具体的名字——精神。在科学的迷茫之处,在命运的混沌之点,人唯有乞灵于自己的精神。不管我们信仰什么,都是我们自己的精神的描述和引导。

1990年12月7日

## 【思考题】

（1）"二十一岁那年"对于史铁生有何特殊意义？

"二十一岁那年"应该是史铁生人生中具有历史意味的时间标志吧。用史铁生自己的话来说就是"活到最狂妄的年龄上忽地残废了双腿"，内心的焦灼、不安、迷惘纷至沓来，作者也开始了从疾病、伤痛中寻求精神超越的新纪元。

（2）文中写道"人活一天就不要白活"。请你谈谈阅读的感想。

"人活一天就不要白活"，多么朴实无华的一句话啊。人生是由一天天组成的，如果每天都能认真踏实地过，那么连缀起来就是充实的一生；如果每天都不白活，过好每一天，那么就相当于过好了这一生。活在当下，过好眼前。林清玄说："活在当下，活在此刻，活在今天，才是生命实在的态度。"

（3）患病之初作者心想"要么好，要么死，一定不再这样走出来"，可是命运并不以人的意志为转移，就像周国平说的那样："命运是不可以改变的，可改变的只是我们对命运的态度。"从文中我们发现，作者从希望到失望、绝望，再到和命运握手言和，顺从命运，但并不屈服于命运，是什么支撑作者活下去？

是爱。史铁生在《病隙碎笔》中写道："看见苦难的永恒，实在是神的垂怜——唯此才能真正断除迷执，相信爱才是人类唯一的救助。这爱，不单是友善、慈悲、助人为乐，它根本是你自己的福。这爱，非居高的施舍，乃谦恭的仰望，接受苦难，从而走向精神的超越。"作者虽历经磨难，但一路走来始终在爱的包裹下，文中说："我没死，全靠着友谊。"母爱、父爱、友爱……因为有爱，所以人间值得。

# 第 2 课

## 今天,我们为什么要读史铁生?

生命的意义本不在向外的寻取,而在向内的建立。

之前读过一篇题为《如果人生太难,就读一读史铁生》的文章,背后的逻辑是:当你觉得不幸、人生艰难的时候,去读一读史铁生,对比史铁生的人生,会觉得自己经历的苦难不过如此,便获得慰藉,瞬间释然;当你深陷苦难,觉得人生无意义时,去看看史铁生如何直面苦难,如何超越苦难,从史铁生的文章中获得感悟、启发。

　　的确,史铁生就像一位点灯人,身处于灰暗之中,却不知疲倦地把黑夜照亮。他照亮了自己,更照亮了黑暗中踽踽独行的赶路人。史铁生从拒绝苦难到接受苦难,从理解苦难再到超越苦难,跌跌撞撞,用写作撞开了一条"生"路,完成了自我的救赎,也在寻求自我之路上救赎他人。史铁生的经历以及他的文章对于深陷苦难的人来说无疑是精神指南。

　　换一个角度,当你身处顺境时,还要不要读史铁生?身处顺境时,读史铁生的作品,能获得什么呢?

　　史铁生是一位很特别的作家,我所谓的"特别"不单单因为他是一名残疾人作家。你只需要将史铁生和其他残疾人作家相比,就能看出他的特别之处。我们熟悉的残疾人作家如张海迪、郭丞、海伦·凯勒、奥斯特洛夫斯基、尼克·胡哲……他们的作品更多地体现了自强不息的奋进精神,以及面对苦难时积极乐观的心态,有着突出的榜样力量和启迪作用。而史铁生的作品不仅包含以上特点,还具有深刻的人生哲理和人性洞察。他的作品不仅揭示了人生的困境和挑战,更通过对人性、命运和生活的意义等主题的探讨,让读者对人生有更深入的思考和理解。阅读史铁生的作品,有助于我们探索和思考人生,培养我们的思辨能力和人生智慧。典型的主题如:对他人的悲悯,对人类的终极关怀。

在史铁生的《我的梦想》中,作者意识到精神的"局限"比肉体的"局限"更可怕,更可悲,但是他在文中并没有痛斥那个可悲的失败者——约翰逊,而是对他报以深深的悲悯。"他的牙买加故乡的人们说:'约翰逊什么时候愿意回来,我们都会欢迎他,不管他做错了什么事,他都是牙买加的儿子。'""难道我们不该对灵魂有了残疾的人,比对肢体有了残疾的人,给予更多的同情和爱吗?"(《我的梦想》)言语中饱含作者的悲悯情怀。每次读到这句话的时候,我都为之动容,那种对失败者、弱者的悲悯,对犯错者的包容,是我们这个时代稀缺的品质。我时常会想,如果约翰逊服用禁药的事发生在互联网时代,他很有可能会被"网暴",网民们一定抓着他的错误不放,肆意谩骂、抨击、侮辱,这很有可能让约翰逊陷入万劫不复的深渊。而史铁生理解约翰逊,知道他太渴望突破肉身的局限,才用了不正当的方式跑出了好成绩。他跑得太快,灵魂被他抛到身后,这可能只是一念之差。对众生报之以理解、体谅与悲悯,体现了史铁生的温度。

在我们遇到苦难时,可以读史铁生,寻找超越苦难的钥匙;风平浪静,身处顺境时,也应该读史铁生,做一个有同情心、悲悯心,有温度的人。

周国平曾评价,史铁生是中国当代最有灵魂的作家。史铁生的作品于灵魂深处发问,在困惑中找寻答案。他不断地自省、追问、探索,关心和关怀人类生存的意义和价值,探究存在的根本和依据。

例如,史铁生在《好运设计》中不断发问:"人类是要消亡的,地球是要毁灭的,宇宙在走向热寂。我们的一切聪明和才智、奋斗和努力、好运和成功到底有什么价值? 有什么意义?

我们在走向哪儿？我们在朝哪儿走？我们的目的何在？我们的欢乐何在？我们的幸福何在？我们的救赎之路何在？"这一连串来自内心深处的发问，同样引导读者思考人生的意义、价值和目的所在。经过漫长的深入思考，史铁生给出了答案：既然所有人的终点都是死亡，那么唯一不可剥夺的只有过程了。"过程，只剩了过程。对付绝境的办法只剩它了……一个只想（只想！）使过程精彩的人是无法被剥夺的，因为死神也无法将一个精彩的过程变成不精彩的过程，因为坏运也无法阻挡你去创造一个精彩的过程……于是绝境溃败了，它必然溃败……生命的意义就在于你能创造这过程的美好与精彩，生命的价值就在于你能够镇静而又激动地欣赏这过程的美丽与悲壮。"

当今社会，物质越来越丰富，我们按理应该变得更加幸福、快乐。然而，却有不少人在物质丰富的背后，陷入焦虑、抑郁，而且焦虑、抑郁的人数日益增多，越来越年轻化。面对激烈的竞争，学业、职场的内卷，年轻人常感失落、迷茫，不知生命的意义、价值何在，不知努力、忙碌的目的何在，甚至丧失了所有的欲望和兴趣，痛苦不堪、绝望虚脱，以至觉得一切都没有意义。又或是在物欲横流、纸醉金迷中追求享受，缺乏信仰，内心空虚。

其实，关于人生意义、价值的问题，史铁生都深入思考过，在他的作品中你可以找到答案："人为什么活着？因为人想活着，说到底是这么回事，人真正的名字叫作：欲望。""一个人，出生了，这就不再是一个可以辩论的问题，而只是上帝交给他的一个事实；上帝在交给我们这件事实的时候，已经顺便保证了它的结果，所以死是一件不必急于求成的事，死是一个必然会降临的节日。这样想过之后我安心多了，眼前的一切不再那么可怕。比如你起早熬夜准备考试的时候，忽然想起有一个长

长的假期在前面等待你,你会不会觉得轻松一点儿,并且庆幸并且感激这样的安排?"(《我与地坛》)

史铁生作品中类似这样发人深省的金句还有很多,阅读他的作品就是一次生命教育之旅。史铁生创作中体现的终极关怀精神对于身处逆境、顺境的人们都有着指导、借鉴意义,指导着我们多角度认识生命的本质,找寻生命的意义,提升生命的价值。

除了内涵深厚外,史铁生的作品语言也优美、生动,具有很高的文学价值。他的作品中运用了丰富的修辞手法,描绘生动,让读者在享受文学之美的同时,也能领略到他深邃的思想和独特的文学风格。阅读史铁生有助于提高我们的文学素养和审美能力,培养我们的文学兴趣和创作灵感。

# 病隙碎笔二（节选）[1]

## 一

我是史铁生——很小的时候我就觉得这话有点儿怪，好像我除了是我还可以是别的什么。这感觉一直不能消灭，独处时尤为挥之不去，终于想懂：史铁生是别人眼中的我，我并非全是史铁生。

多数情况下，我被史铁生减化和美化着。减化在所难免。美化或出于他人的善意，或出于我的伪装，还可能出于某种文体的积习——中国人喜爱赞歌。因而史铁生以外，还有着更为丰富、更为混沌的我。这样的我，连我也常看他是个谜团。我肯定他在，但要把他全部捉拿归案却非易事。总之，他远非坐在轮椅上、边缘清晰齐整的那一个中年男人。白昼有一种魔力，常使人为了一个姓名的牵挂而拘谨、犹豫，甚至于慌不择路。一俟白昼的魔法遁去，夜的自由到来，姓名脱落为一张扁平的画皮，剩下的东西才渐渐与我重合，虽似朦胧缥缈了，却真实起来。这无论对于独处，还是对于写作，都是必要的心理环境。

---

1　选自长篇散文《病隙碎笔》。

28

## 二

我的第一位堂兄出生时,有位粗通阴阳的亲戚算得这一年五行缺铁,所以史家这一辈男性的名中都跟着有了一个铁字。堂兄弟们现在都活得健康,唯我七病八歪,终于还是缺铁,每日口服针注,勉强保持住铁的入耗平衡。好在"铁"之后父母为我选择了"生"字,当初一定也未经意,现在看看倒像是我屡病不死的保佑。

此名俗极,全中国的"铁生"怕没有几十万?笔墨谋生之后,有了再取个雅名的机会,但想想,单一副雅皮倒怕不伦不类,内里是什么终归还是什么,多一事不如少一事。有个老同学对我说过:初闻此名未见此人时,料"铁生"者必赤膊秃头。我问他可曾认得一个这样的铁生。不,他说这想象毫无根据煞是离奇。我却明白:赤膊秃头是粗鲁和愚顽常有的形象。我当时心就一惊:至少让他说对一半!粗鲁若嫌不足,愚顽是一定不折不扣的。一惊之时尚在年少,不敢说已有自知之明,但潜意识不受束缚,一针见血,什么都看得清楚。

## 三

铁,一种浑然未炼之物。隔了四十八年回头看去,这铁生真是把人性中可能的愚顽都备齐了来的,贪、嗔、痴一样不少,骨子里的蛮横并怯懦,好虚荣,要面子,以及不懂装懂,因而有时就难免狡猾,如是之类随便点上几样,不怕他会没有。

不过这一个铁生,最根本的性质我看是两条,一为自卑(怕),二为欲念横生(要)。谁先谁后似不分明,细想,还是要在前面，要而唯恐不得，怕便深重。譬如，想得到某女之青睐，却担心没有相应的本事，自卑即从中来。当然，此一铁生并不早熟到一落生就专注了异性，但确乎一睁眼就看见了异己。他想要一棵树的影子，要不到手。他想要母亲永不离开，却遭到断喝。他希望众人都对他喝彩，但众人视他为一粒尘埃。我看着史铁生幼时的照片，常于心底酿出一股冷笑：将来有他的罪受。

## 四

说真的他不能算笨，有着上等的理解力和下等的记忆力（评价电脑的优劣通常也是看这两项指标），这样综合起来，他的智商正是中等——我保证没有低估，也不想夸大。

记忆力低下可能与他是喝豆浆而非喝牛奶长大的有关。我小时候不仅喝不起很多牛奶，而且不爱喝牛奶，牛奶好不容易买来了可我偏要喝豆浆。卖豆浆的是个麻子老头儿，他表示过喜欢我。倘所有的孩子都像我一样爱喝豆浆，我想那老头儿一定更要喜欢。

说不定记忆力不好的孩子长大了适合写一点小说和散文之类。倒不是说他一定就写得好，而是说，干别的大半更糟。记忆力不好的孩子偏要学数学，学化学，学外语，肯定是自找没趣，这跟偏要喝豆浆不一样。幸好，写小说写散文并不严格地要求记忆，记忆模糊着倒赢得印象、气氛、直觉、梦想和寻觅，于是乎利于虚构，利于神游，缺点是也利于胡说白道。

## 五

散文是什么？我的意见是：没法说它是什么，只可能说它不是什么。因此它存在于一切有定论的事物之外，准确说，是存在于一切事物的定论之外。在白昼筹谋已定的种种规则笼罩不到的地方，若仍漂泊着一些无家可归的思绪，那大半就是散文了——写出来是，不写出来也是。但它不是收容所，它一旦被收容成某种规范，它便是什么了。可它的本色在于不是什么，就是说它从不停留，唯行走是其家园。它终于走到哪儿去谁也说不清。我甚至有个近乎促狭的意见：一篇文章，如果你认不出它是什么（文体），它就是散文。譬如你有些文思，不知该把它弄成史诗还是做成广告，你就把它写成散文。可是，倘有一天，人们夸奖你写的是纯正的散文，那你可要小心，它恐怕是又走进某种定论之内了。

小说呢？依我看，小说走到今天，只比散文更多着虚构。

## 六

我其实未必合适当作家，只不过命运把我弄到这一条（近似的）路上来了。左右苍茫时，总也得有条路走，这路又不能再用腿去走一趟，便用笔去找。而这样的找，后来发现利于此一铁生，利于世间一颗最为躁动的心走向宁静。

我的写作因此与文学关系疏浅，或者竟是无关也可能。我只是走得不明不白，不由得唠叨；走得孤单寂寞，四下里张望；走得怵目惊心，便向着不知所终的方向祈祷。我仅仅算一个写作者吧，与任何"学"都不沾边儿。学，是挺讲究的东西，尤其需要公认。数学、哲学、美学，还有文学，都不是打打闹闹的事。写作不然，没那么多规矩，痴人说梦也可，捕风捉影也行，满腹狐疑终无所归都能算数。当然，文责自负。

# 七

写作救了史铁生和我,要不这辈子干什么去呢?当然也可以干点别的,比如画彩蛋,我画过,实在是不喜欢。我喜欢体育,喜欢足球、篮球、田径、爬山,喜欢到荒野里去看看野兽,但这对于史铁生都已不可能。写作为生是一件被逼无奈的事。开始时我这样劝他:你死也就死了,你写也就写了,你就走一步说一步吧。这样,居然挣到了一些钱,还有了一点名声。这个愚顽的铁生,从未纯洁到不喜欢这两样东西,况且钱可以供养"沉重的肉身",名则用以支持住屠弱的虚荣。待他屠弱的心渐渐强壮了些的时候,我确实看见了名的荒唐一面,不过也别过河拆桥,我记得在我们最绝望的时候它伸出过善良的手。

我的写作说到底是为谋生,但分出几个层面,先为衣食住行,然后不够了,看见价值和虚荣,然后又不够了,却看见荒唐。荒唐就够了吗?所以被送上这不见终点的路。

# 八

史铁生和我,最大的缺点是有时候不由得撒谎。好在我们还有一个最大的优点:诚实。这不矛盾。我们从不同时撒谎。我撒谎的时候他会悄悄地在我心上拧一把,他撒谎的时候我也以相似的方式通知他。我们都不是不撒谎的人。我们都不是没有撒过谎的人。我们都不是能够保证不再撒谎的人。但我们都会因为对方的撒谎而恼怒,因为对方的指责而羞愧。恼怒和羞愧,有时弄得我们寝食难安,半夜起来互相埋怨。

公开的诚实当然最好,但这对于我们,眼下还难做到。那就退而求其次——保持私下的诚实,这样至少可以把自己看得清楚。把自己看看清楚也许是首要的。但是,真能把自己看清楚吗? 至少我们有此强烈的愿望。我是谁,以及史铁生到底何物? 一直是我们所关注的。

公开的诚实为什么困难? 史铁生和我之间的诚实何以要容易些? 我们一致相信,这里面肯定有着曲折并有趣的逻辑。

## 九

一个欲望横生如史铁生者,适合由命运给他些打击,比如截瘫,比如尿毒症,还有失学、失业、失恋等等。这么多年我渐渐看清了这个人,若非如此,料他也是白活。若非如此他会去干什么呢? 我倒也说不准,不过我料他难免去些火爆的场合跟着起哄。他那颗不甘寂寞的心我是了解的。他会东一头西一头撞得找不着北,他会患得患失总也不能如意,然后,以"生不逢时"一类的大话来开脱自己和折磨自己。不是说火爆就一定不好,我是说那样的地方不适合他,那样的地方或要凭真才实学,或要有强大的意志,天生的潇洒,我知道他没有,我知道他其实不行,可心里又不见得会服气,所以我终于看清:此人最好由命运提前给他一点颜色看看,以防不可救药。不过呢,有一弊也有一利,欲望横生也自有其好处,否则各样打击一来,没了活气也是麻烦。抱屈多年,一朝醒悟:上帝对史铁生和我并没有做错什么。

## 十

我想,上帝为人性写下的最本质的两条密码是:残疾与爱情。残疾即残缺、限制、阻障……是属物的,是现实。爱情属灵，是梦想，是对美满的祈盼，是无边无限的，尤其是冲破边与限的可能，是残缺的补救。每一个人，每一代人，人间所有的故事，千差万别，千变万化，但究其底蕴终会露出这两种消息。现实与梦想，理性与激情，肉身与精神，以及战争与和平，科学与艺术，命运与信仰，怨恨与宽容，困苦与欢乐……大凡前项，终难免暴露残缺，或说局限，因而补以后项，后项则一律指向爱的前途。

就说史铁生和我吧，这么多年了，他以其残疾的现实可是没少连累我。我本来是想百米跑上个九秒七，跳高跳他个二米五，然后也去登一回珠穆朗玛峰的，可这一个铁生拖了我的后腿，先天不足后天也不足，这倒好，别人还以为我是个好吹牛的。事情到此为止也就罢了，可他竟忽然不走，继而不尿，弄得我总得跟他一起去医院透析——把浑身的血都弄出来洗，洗干净了再装回去，过不了三天又得重来一回。可不是麻烦嘛！但又有什么办法？末了儿还得我来说服他，这个吧那个吧，白天黑夜的我可真没少费话，这么着他才算答应活下来，并于某年某月某日忽然对我说他要写作。好哇，写呗。什么文学呀，挨不上！写了半天，其实就是我没日没夜跟他说的那些个话。当然他也对我说些话，这几十年我们就是这么你一言我一语地说过来的，要不然这日子可真没法过。说着说着，也闹不清是从哪天起他终于信了：地狱和天堂都在人间，即残疾与爱情，即原罪与拯救。


## 十一


人可以走向天堂，不可以走到天堂。走向，意味着彼岸的成立。走到，岂非彼岸的消失？彼岸的消失即信仰的终结、拯救的放弃。因而天堂不是一处空间，不是一种物质性存在，而是道路,是精神的恒途。

物质性(譬如肉身)永远是一种限制。走到(无论哪儿)之到,必仍是一种限制,否则何以言到? 限制不能拯救限制,好比"瞎子不能指引瞎子"。天堂是什么? 正是与这物质性限制的对峙,是有限的此岸对彼岸的无限眺望。谁若能够证明另一种时空,证明某一处无论多么美好的物质性"天堂"可以到达,谁就应该也能够证明另一种限制。另一种限制于是呼唤着另一种彼岸。因而,在限制与眺望、此岸与彼岸之间,拯救依然是精神的恒途。

这是不是说天堂不能成立? 是不是说"走向天堂"是一种欺骗? 我想,物质性天堂注定难为,而精神的天堂恰于走向中成立,永远的限制是其永远成立的依据。形象地说:设若你果真到了天堂,然后呢? 然后,无所眺望或另有眺望都证明到达之地并非圆满,而你若永远地走向它,你便随时都在它的光照之中。


# 十二


残疾与爱情,这两种消息,在史铁生的命运里特别地得到强调。对于此一生性愚顽的人,我说过,这样强调是恰当的。我只是没想到,史铁生在四十岁以后也慢慢看懂了这件事。

这两种消息几乎同时到来,都在他二十一岁那年。

一个满心准备迎接爱情的人,好没影儿地先迎来了残疾——无论怎么说,这一招儿是够损的。我不信有谁能不惊慌,不哭泣。况且那并不是一次光荣行为的后果,那是一个极为普通的事件,普通得就好像一觉醒来,看看天,天还是蓝的,看看地,地也并未塌陷,可是一举步,形势不大对头——您与地球的关系发生了一点儿变化。是的,您不能再以脚掌而是要以屁股,要不就以全身，与它摩擦。不错，第一是坐着，第二是躺着，第三是死。好了，就这么定了，不再需要什么理由。我庆幸他很快就发现了问题的要点：没有理由！你没犯什么错误，谁也没犯什么错误，你用不着悔改，也用不上怨恨。让风给你说一声"对不起"吗？而且将来你还会知道：上帝也没有错误，从来没有。

# 十三

残疾，就这么来了，从此不走。其实哪里是刚刚来呀，你一出生它跟着就到了，你之不能（不止是不能走）全是它的业绩呀，这一次不过是强调一下罢了。对某一铁生而言是这样，对所有的人来说也是这样，人所不能者，即是限制，即是残疾，它从来就没有离开过。

它如影随形地一直跟着我们，徘徊千古而不去。它是不是有话要说？

它首先想说的大约是：残疾之最根本的困苦到底在哪儿？

还以史铁生所遭遇的为例：不，它不疼，也不痒，并没有很重的生理痛苦，它只是给行动带来些不方便，但只要你接受了轮椅（或者拐杖和假肢、盲杖和盲文、手语和唇读），你一样可以活着，可以找点事做，可以到平坦的路面上去逛逛。但是，这只证明了活着，活成了什么还不一定。像一头勤勤恳恳的老黄牛，像风摧不死沙打不枯的一棵什么草，几十年如一日地运转就像一块表……我怀疑，这类形容肯定是对人的恭维吗？人，不是比牛、树和机器都要高级很多吗？"栗子味儿的白薯"算得夸奖，"白薯味儿的栗子"难道不是昏话？

人，不能光是活着，不能光是以其高明的生产力和非凡的忍受力为荣。比如说，活着，却没有爱情，你以为如何？当爱情被诗之歌之，被看得比生命还重要的时候（生命诚可贵，爱情价更高），却有一些人活在爱情之外，这怎么说？而且，这样的"之外"竟常常被看作正当，被默认，了不起是在叹息之后把问题推给命运。所以，这样的"之外"，指的就不是尚未进入，而是不能进入，或者不宜进入。"不能"和"不宜"并不写在纸上，有时写在脸上，更多的是写在心里。常常是写在别人心里，不过有时也可悲到写进了自己的心里。

## 十四

我记得，当爱情到来之时，此一铁生双腿已残，他是多么地渴望爱情啊，可我却亲手把"不能进入"写进了他心里。事实上史铁生和我又开始了互相埋怨，睡不安寝食不甘味，他说能，我说不能，我说能，他又说不能。糟心的是，说不能的一方常似凛然大义，说能的一对难兄难弟却像心怀鬼胎。不过，大凡这样的争执，终归是鬼胎战胜大义，稍以时日，结果应该是很明白的。风能不战胜云吗？山能堵死河吗？现在结果不是出来了？——史铁生娶妻无子，活得也算惬意。但那时候不行，那时候真他娘见鬼了，总觉着自己的一片真情是对他人的坑害，坑害一个倒也罢了，但那光景就像女士们的长袜跳丝，经经纬纬互相牵连，一坑就是一大片，这是关键："不能"写满了四周！这便是残疾最根本的困苦。

## 十五

这不见得是应该忍耐的、狭隘又渺小的困苦。失去爱情权利的人，其人的权利难免遭受全面的损害，正如爱情被贬抑的年代,人的权利普遍受到了威胁。

说残疾人首要的问题是就业,这话大可推敲。就业,若仅仅是为活命,就看不出为什么一定比救济好;所以比救济好,在于它表明着残疾人一样有工作的权利。既是权利,就没有哪样是次要的。一种权利若被忽视,其他权利为什么肯定有保障?倘其权利止于工作,那又未必是人的特征,牛和马呢?设若认为残疾人可以(或应该,或不得不)在爱情之外活着,为什么不可能退一步再退一步,认为他们也可以在教室之外、体育场之外、电影院之外、各种公共领域之外……而终于在全面的人的权利和尊严之外活着呢?

是的是的,有时候是不得不这样,身体健全者有时候也一样是不得不呀,一生未得美满爱情者并不只是残疾人啊!好了,这是又一个关键:一个未得奖牌的人,和一个无权参赛的人,有什么不一样吗?

## 十六

可是且慢。说了半天,到底谁说了残疾人没有爱情的权利呢?无论哪个铁生,也不能用一个虚假的前提支持他的论点吧!当然。不过,歧视,肯定公开地宣布吗?在公开宣布不容歧视的领域,肯定已经没有歧视了吗?还是相反,不容歧视的声音正是由于歧视的确在?

好吧,就算这样,可爱情的权利真值得这样突出地强调吗?

是的。那是因为,同样,这人间,也突出地强调着残疾。

残疾,并非残疾人所独有。残疾即残缺、限制、阻障。名为人者,已经是一种限制。肉身生来就是心灵的阻障,否则理想何由产生?残疾,并不仅仅限于肢体器官,更由于心灵的压迫和损伤，譬如歧视。歧视也并不限于对残疾人，歧视到处都有。歧视的原因，在于人偏离了上帝之爱的价值，而一味地以人的社会功能去衡量，于是善恶树上的果实使人与人的差别醒目起来。荣耀与羞辱之下，心灵始而防范，继而疏离，终至孤单。心灵于是呻吟，同时也在呼唤。呼唤什么？比如，残疾人奥运会在呼唤什么？马丁·路德·金的梦想在呼唤什么？都是要为残疾的肉身续上一个健全的心途，为隔离的灵魂开放一条爱的通路。残疾与爱情的消息总就是这样萦萦绕绕，不离不弃，无处不在。真正的进步，终归难以用生产率衡量，而非要以爱对残疾的救赎来评价不可。

但对残疾人爱情权利的歧视，却常常被默认，甚至被视为正当。这一心灵压迫的极例，或许是一种象征，一种警告，以被排除在爱情之外的苦痛和投奔爱情的不熄梦想，时时处处解释着上帝的寓言。也许，上帝正是要以残疾的人来强调人的残疾，强调人的迷途和危境，强调爱的必须与神圣。

……

# 二十三

最近我看到过一篇文章，标题竟是：《生命的唯一要求是活着》。这话让我想了好久，怎么也不能同意。死着的东西不可以谓之生命，生命当然活着，活着而要求活着，等于是说活着就够了，不必有什么要求。倘有要求，"生命"就必大于"活着"，活着也就不是生命的唯一。

如果"活着"是指"活下去"的意思，那可是要特别地加以说明。"活着"和"活下去"不见得是一码事。"活着"而要发"活下去"的决心，料必是有什么使人难于活着的事情发生了。

什么呢？显然不只是空气、水和营养之类的问题，因为在这儿"生命"显然也不是指老鼠等等。比如说爱情和自由，没有，肯定还能活下去吗？当然，老鼠能，所以它只是"活着"，并不发"活下去"的决心，并不以为活着还有什么再需要强调的事。当生命二字指示为人的时候，要求就多了，岂止活着就够？说理想、追求都是身外之物——这个身，必只是生理之身，但生理之身是不写作的，没有理想和追求，也看不出何为身外之物。一旦看出身外与身内，生命就不单单是活着了。

而爱，作为理想，本来就不止于现实，甚至具有反抗现实的意味，正如诗，有诗人说过："诗是对生活的匡正。"

（我想，那篇文章的作者必是疏忽了"唯一"和"第一"的不同。若说生命的第一要求是活着，这话我看就没有疑问。）

## 二十四

但是反抗，并不简单，不是靠一份情绪和勇敢就够。弄不好，反抗是很强劲而且坚定了，但怨愤不仅咬伤自己，还吓跑了别人。

比如常听见这样的话：我们残疾人如何如何，他们健全人是不可能理解的。要是说"他们不曾理解"，这话虽不周全，但明确是在呼唤理解。真要是"不可能理解"，你说它干吗？说给谁听？说给"不可能理解"的人听，你傻啦？那么就是说给自己听。依史铁生和我的经验看，不断地这样说给自己听，用自我委屈酿制自我感动，那不会有别的结果，那只能是自我囚禁、自我戕害，并且让"不可能理解"的人眼睁睁地看着一个自虐者自虐而束手无策。

再比如，还经常会碰见这样的句式：我们残疾人是最

（　　）的，因此我们残疾人其实是最（　　）的。第一个括号里，多半可以填上"艰难"和"坚强"，第二个括号里通常是"优秀"或与之相近的词。我的意思是，就算这是实情，话也最好让别人说。这不是狡猾。别人说更可能是尊重与理解，自己一说就变味儿——"最"都是你的，别人只有"次"。况且，你又对别人的艰难与优秀了解多少呢？

最令人不安的是，这样的话出自残疾人之口，竟会赢得掌声。这掌声值得仔细地听，那里面一定没有"看在残疾的分儿上"这句潜台词吗？要是一个健全人这样说，你觉得怎样？你会不会说这是自闭、自恋？可我们并不是要反抗别人呀，恰恰是反抗心灵的禁闭与隔离。

## 二十五

那掌声表达了提前的宽宥，提前到你以残疾的身份准备发言但还未发言的时候。甚至是提前的防御，生怕你脆弱的心以没有掌声为由继续繁衍"他们不可能理解"式的怨恨。但这其实是提前的轻蔑——你真能超越残疾，和大家平等地对话吗？糟糕的是，你不仅没能让这偏见遭受挫折，反给它提供了证据，没能动摇它反倒坚定着它。当人们对残疾愈发小心翼翼之时，你的反抗早已自投罗网。

这样的反抗使残疾扩散，从生理扩散到心理，从物界扩散进精神。这类病症的机理相当复杂，但可以给它一个简单的名称：残疾情结。这情结不单残疾人可以有，别的地方，人间的其他领域，也有。马丁·路德·金说："切莫用仇恨的苦酒来缓解热望自由的干渴。"我想他也是指的这类情结。以往的压迫、歧视、屈辱所造成的最大贻害就是怨恨的蔓延，就是这"残疾情结"的蓄积,蓄积到湮灭理性,看异己者全是敌人,以致左突右冲反使那罗网越收越紧。被压迫者,被歧视或被忽视的人,以及一切领域中弱势的一方,都不妨警惕一下这"残疾情结"的暗算,放弃自卑,同时放弃怨恨;其实这两点必然是同时放弃的,因为曾经,它们也是一齐出生的。

……

# 二十八

残疾人中想写作的特别多。这是有道理的,残疾与写作天生有缘,写作,多是因为看见了人间的残缺,残疾人可谓是"近水楼台"。但还有一个原因不能躲闪:他们企望以此来得到社会承认,一方面是"价值实现",还有更具体的作用,即改善自己的处境。这是事实。这没什么不好意思。他们和众人一道来到人间,却没有很多出路,上大学不能,进工厂不能,自学外语吗?又没人聘你当翻译,连爱情也对你一副冷面孔,而这恰好就帮你积累起万千感慨,感慨之余看见纸和笔都现成,他不写作谁写作?你又不是木头。以史铁生为例,我说过,他绝不是一个甘于寂寞的人,我记得他曾在某一条少为人知的小巷深处,一家街道工厂里,一边做工一边做过多少好梦,我知道是什么样的梦使他屡屡决心不死,是什么样的美景在前面引诱他,在后面推动他……总之,那个残疾的年轻人以为终有大功告成的一天,那时,生命就可以大步流星如入无人之境。他决心赌一把。就像歌中唱的:我以青春赌明天。话当然并不说得这么直接,赌——多难听,但其实那歌词写得坦率,只可惜今天竟自信到这么流行。赌的心情,其实是很屡弱、很担惊受怕的,就像足球的从决心变成担心,它很容易离开写作的根本与自信,把自己变成别人，以自己的眼睛去放映别人的眼色，以自己的心魂去攀登别人的思想，用自己的脚去走别人的步。残疾，其最危险的一面，就是太渴望被社会承认了，乃至太渴望被世界承认了，渴望之下又走进残疾。

## 二十九

二十多年前，残疾人史铁生改变了几次主意之后，选中了写作。当时我真不知这会把他带到哪儿去，就是说，连我都不知道那终于会是一个陷阱还是一条出路。我们一起坐在地坛的老柏树下，看天看地，听上帝一声不响。上帝他在等待。前途莫辨，我只好由着史铁生的性子走。福祸未卜，很像是赌徒的路，这一点由他当时的迷茫可得确证。他把一切希望都押在了那上面，但一直疑虑重重。比如说，按照传统的文学理论，像他这样寸步难行的人怎么可能去深入生活？像他这么年轻的人，有多少故事值得一写？像他这么几点儿年纪便与火热的生活断了交情的人，就算写出个一章半节，也很快要枯竭的吧，那时可怎么办？我记得他真吓得够呛，哆嗦，理论们让他一身一身地冒汗——见过就要输光的赌徒吗？就那样儿。他一把一把地赌着，尽力向那些理论靠拢，尽力去外面捡拾生活，但已明显入不敷出，眼看难以为继。

他所以能够走过来，以及能在写作这条路上走下去，不谦虚地说，幸亏有我。

我不像他那么拘泥。

就在赌徒史铁生一身一身地出汗之际，我开始从一旁看他，从四周看他，从远处甚至从天上看他，我发现这个人从头到脚都是疑问，从里到外根本一个谜团。我忽然明白了，我的写作有他这样一个原型差不多也就够用了，他身上聚集着人的所有麻烦。况且今生今世我注定是离不开他了，就算我想，我也无法摆脱他到我向往的地方去，譬如乡下，工厂，以及所有轰轰烈烈的地方。我甚至不得不通过他来看这个世界，不得不想他之所想，思他之所思，欲他之所欲。我优势于他的仅仅是：他若在人前假笑，我可以在他后面（里面）真哭——关键的是，我们可以在事后坦率地谈谈这他妈的到底怎么回事！谁的错儿？

# 三十

这么着，有一天他听从了我的劝告，欣羡的目光从外面收回来，调头向里了。对一个被四壁围困的人来说，这是个好兆头。里面比较清静（没有什么理论来干扰），比较坦率（说什么都行），但这清静与坦率之中并不失喧嚣与迷惑（往日并未消失，并且"我从哪儿来？"），里面竟然比外面辽阔（心绪漫无边际），比外面自由（不妨碍别人），但这辽阔与自由终于还是通向不知，通向神秘（智力限制，以及"我到哪儿去，终于到哪儿去？"）。

设若你永远没有"我是谁"等等累人的问题，永远只是"我在故我玩儿"，你一生大约都会活得安逸，山是山，水是水，就像美丽的鹿群，把未来安排在今天之后，把往日交给饥饿的狮子。可一旦谁要是玩儿腻了，不小心这么一想——"我是谁？"好了，世界于是乎轰然膨胀，以至无边无际。我怀疑，人，原就是一群玩儿腻了的鹿。我怀疑宇宙的膨胀就是因为不小心这么一想。这么一想之后，山不仅是山，水不仅是水，我也不仅仅是我了——我势必就要连接起过去，连接起未来，连接起无穷无尽的别人，乃至天地万物。

史铁生呢？更甭提，我本来就不全是他。可这一回我大半是把他害了,否则他可以原原本本是一匹鹿的。

可现在已是"这么一想"之后,鹿不鹿的都不再有什么实际意义。史铁生曾经使我成为一种限制,现在呢,"我是谁"的追问把我吹散开,飘落得到处都在,以至很难给我画定一个边缘,一条界线。但这不是我的消散,而恰是我的存在。谁都一样。任何角色莫不如此。比如说,要想克隆张三,那就不光要复制全部他的生理,还要复制全部他的心绪、经历、愚顽……最后终于会走到这一步:还要复制全部与他相关的人,以及与与他相关的人相关的人。这办得到吗?所以文学(小说)也办不到,虽然它叫嚷着要真实。所以小说抱紧着虚构。所以小说家把李四、王五、刘二……拆开了,该扔的扔,该留的留,放大、缩小、变形……以组(建构或塑造)成张三。舍此似别无他法,故此法无可争议。

## 三十一

但这一拆一组,最是不可轻看。这一拆一组由何而来?毫无疑问是由于作者,由于某一个我的所思所欲。但不是"我思故我在",是我在故我思,我在故我拆、故我组、故我取舍变化,我以我在而使张三诞生。我在先于张三之在。我在大于张三之在,张三作为我的创想、我的思绪和梦境,而成为我的一部分。接下来用得上"我思故我在"了——因这一拆一组,我在已然有所更新,我有了新在。就是说,后张三之在的我在大于先张三之在的我在。那么也就是说,在不断发生着的这类拆、组、取舍、变化之中,我不断地诞生着,不断地生长。

所以在《务虚笔记》中我说:我是我印象的一部分,我的全部印象才是我。那就是说:史铁生与张三类同,由于我对他的审视、不满、希望以及他对我的限制等等,他成为我的一部分。我呢? 我是包括张三、李四、某一铁生……在内的诸多部分的交织、交融、更新、再造。我经由光阴,经由山水,经由乡村和城市,同样我也经由别人,经由一切他者以及由之引生的思绪和梦想而走成了我。那路途中的一切,有些与我擦肩而过从此天各一方,有些便永久驻进我的心魂,雕琢我,塑造我,锤炼我,融入我而成为我。我原是不住的游魂,原是一路汇聚着的水流,浩瀚宇宙中一缕消息的传递,一个守法的公民并一个无羁无绊的梦。

## 三十二

所以我这样想:写作者,未必能够塑造出真实的他人(所谓血肉丰满、栩栩如生的人物),写作者只可能塑造真实的自己——前人也这样说过。

你靠什么来塑造他人? 你只可能像我一样,以史铁生之心度他人之腹,以自己心中的阴暗去追查张三的阴暗,以自己心中的光明去拓展张三的光明,你只能以自己的血肉和心智去塑造。那么,与其说这是塑造,倒不如说是受造;与其说是写作者塑造了张三,莫如说是写作者经由张三而有了新在。这受造之途岂非更其真实? 这真实不是依靠外在形象的完整,而是根据内在心魂的残缺,不是依靠故事的点水不漏,也不是根据文学的大计方针,而是由于心魂的险径迷途。

文学,如果是暗含着种种操作或教导意图的学问(无论思想还是技巧,语言还是形式,以及为谁写和不为谁写式的立场培养),我看写作可不是,我希望写作可不要再是。写作,在我的希望中只是怀疑者的怀疑,寻觅者的寻觅,虽然也要借助种种技巧、语言和形式。那个愚钝的人赞成了我的意见，有一回史铁生说：写作不过是为心魂寻一条活路，要在汪洋中找到一条船。那一回月朗风清，算得上是酒逢知己，我们"对影成三人"，简直有些互相欣赏了。寻觅者身后若留下一行踪迹，出版社看着好，拿去印成书也算多有一用。当然稿酬还是要领，合同不可不签，不然哪儿来的"花间一壶酒"？

我想，何妨就把"文学"与"写作"分开，文学留给作家，写作单让给一些不守规矩的寻觅者吧。文学或有其更为高深广大的使命，值得仰望，写作则可平易些个，无辜而落生斯世者，尤其生来长去还是不大通透的一类，都可以不管不顾地走一走这条路。没别的意思，只是说写作可以跟文学不一样，不必拿种种成习去勉强它；不一样就是不一样，上厕所也得弄清楚进哪边的门吧。

## 三十三

历来的小说，多是把成品（完整的人物、情节、故事等等）端出来给人看，而把它的生成过程隐藏起来，把作者隐藏起来，把徘徊于塑造与受造之间的那一缕游魂隐藏起来，枝枝杈杈都修剪齐整，残花败叶、踌躇和犹豫都打扫干净，以居高者的冷静从容把成品包扎好，推向前台。这固然不失为一种方法，此法之下好作品确也很多。但面对成品，我总觉意犹未尽。这感觉，从读者常会要求作者签名并好奇地总想看看作者的相貌这件事中，似乎找出了一点答案——那目光中恐怕不单是敬慕，更多的没准儿是怀疑，尤其对着所谓"灵魂工程师"，怀疑就更其深重。这让我想起一个笑话：某贵妇寿诞，有人奉上赞美诗。第一句"这个婆娘不是人"，众目惊瞠；第二句"九天神女下凡尘",群颜转悦。我总看那读者的目光也是说着这两句话,不过每句后面都要改用问号。

我便想,那些隐藏和修剪掉的东西就此不见天日是否可惜?岂止可惜,也许竟是捡了芝麻丢了西瓜。那塑造与受造之中的犹豫、徘徊,是不是更有价值?拆、组、取舍之间,准定没有更玄妙动人的心流?但这些,在成品张三身上(以及成品故事之中)却已丢失。为了要个成品,一个个仿真人物、情节和一个完整的故事,就值得把这些最为真切,甚至是性命攸关的心流都扔掉?为一个居高从容的九天神女,就忍心让谁家的老祖宗不是人?

## 三十四

在创作意图背后,生命的路途要复杂得多。在由完整、好看、风格独具所指引的种种构思之间,还有着另外的存在。一些深隐的、细弱的、易于破碎但又是绵绵不绝的心的彷徨,在构思的缝隙中被遗漏了,被删除了。所以这样,通常的原因是它们不大适合于制造成品,它们不够引人,不够流畅,不完整,不够惊世骇俗,难以经受市场的挑剔。

听说已经有了(或终将会有)一种电脑软件,只要输入一些性格各异的人物,输入一个时代背景或生活环境,比如是战争,是疑案,是恋情,是寻宗问祖、行侠仗义……再输入一种风格,或惨烈悲壮,或情意缠绵,或野狐禅,或大团圆……好了,电脑自会据此编写出一个情节曲折的完整故事。要是你对这故事不甚满意,你就悠然地伸出一个手指,轻轻点一下某键,只听得电脑中"喊哩喀喳,喊哩喀喳"地一阵运行,便又有一个迥异于前的故事扑面而来。如是者,可无穷尽。

这可真是了得! 作家还有什么用?

但很可能这是件好事,在手和脑的运作败于种种软件之后,写作和文学便都要皈依心魂了。恰在脑(人脑或电脑)之聪颖所不及的领域,人之根本更其鲜明起来。唯绵绵心流天赋独具,仍可创作,仍可交流,仍可倾诉和倾听,可以进入一种崭新但其实古老的世界了。那是不避迷茫,不拒彷徨,不惜破碎,由那心流的追索而开拓出的疆域,就像绘画在摄影问世之后所迸发的神奇。

## 三十五

因此我向往着这样的写作——史铁生曾称之为“写作之夜”。当白昼的一切明智与迷障都消散了以后,黑夜要你用另一种眼睛看这世界。很可能是第五只眼睛,第三他不是外来者,第四他也没有特异功能,他是对生命意义不肯放松的累人的眼睛。如果还有什么别的眼睛,尽可都排在他前面,总之这是最后的眼睛,是对白昼表示怀疑而对黑夜秉有期盼的眼睛。这样的写作或这样的眼睛,不看重成品,看重的是受造之中的那缕游魂,看重那游魂之种种可能的去向,看重那徘徊所携带的消息。因为,在这样的消息里,比如说,才能看见“我是谁”,才能看清一个人,一个犹豫、困惑的人,执拗的寻觅者而非潇洒的制作者;比如说我才有可能看看史铁生到底是什么,并由此对他的未来保持住兴趣和信心。

幸亏写作可以这样,否则他轮椅下的路早也就走完了。有很多人问过我:史铁生从二十岁上就困在屋子里,他哪儿来那么多可写的? 借此机会我也算作出回答:白昼的清晰是有限的,黑夜却漫长,尤其那心流所遭遇的黑暗更是辽阔无边。

## 三十六

这条不大可能走完的路,大体是这样开始的——

有一回,我在平时最令此一铁生鄙视的人身上让他看见了自己,在他自以为纯洁之处让他看见了另外的东西。开头他自然是不愿承认。好吧,我说:"你会不会嫉妒?"他很自信,说不会。我说是吗?"那张三家比你家多了一只老鼠你为什么嫉妒?"他说:"废话,我嫉妒他多一只老鼠干吗?"话音未落他笑了,说"这是圈套"。但这不是圈套。你知道什么可以嫉妒,什么不必嫉妒,这说明你很会嫉妒。我的意思是,凡你深有体会的东西你才能真正理解,凡你理解了的品质你才能恰切地贬斥它或赞美它,才能准确地描画它。笑话!他说:"那么,写偷儿就一定得行窃,写杀人犯就一定要行凶吗?"但佛家有言:心既生恨,已动杀机。你不可能不体会那至于偷窃的贪欲,和那竟致杀戮的仇恨。这便是人性的复杂,这里面埋藏或蛰伏着命运的诸多可能。相反的情况也是一样,爱者之爱,恋者之恋,思者之思,绵绵心流并不都在白昼的确定性里,还在黑夜的可能性中,在那儿,网织成或开拓出你的存在,甚或你的现实。

## 三十七

还有一回,是在一出话剧散场之后,细雨蒙蒙,街上行人寥落,两旁店铺中的顾客也已稀疏,我的心绪尚不能从那剧中的悲情里走出来,便觉雨中的街灯、树影,以及因下雨而缓行的车辆都有些凄哀。这时,近旁一阵喧哗,原来是那剧中的几个演员,已经卸装,正说笑着与我擦身而过,红红绿绿的伞顶跳动着走远。我知道这是极其正当和正常的，每晚一场戏，你要他们总是沉在剧情里可怎么成？但这情景引动我的联想——前面，他们各自的家中，正都有一场怎样的"戏剧"在等候他们？所有散了戏的观众也是一样，正有千万种"戏剧"散布在这雨夜中，在等候他们，等候着连接起刚刚结束的这一种戏剧。黑夜均匀地铺展开去，所有的"戏剧"其实都在暗中互相关联，那将是怎样的关联啊！这关联本身令我痴迷，这关联本身岂非更是玄奥、辽阔、广大的存在？条条心流暗中汇合，以白昼所不能显明的方式和路径，汇合成另一种存在，汇合成夜的戏剧。那夜我很难入睡，我听见四周巨大无比的夜的寂静里，全是那深隐、细弱、易于破碎的万千心流在喧嚣，在聚会，在呼喊，在诉说，在走出白昼之必要的规则而进入黑夜之由衷的存在。

## 三十八

再有一回是在地坛——我多次写过的那座荒芜的古园（当然，现在它已经被修剪得整整齐齐，够得上一个成品了）。我迎着落日，走在园墙下。那园墙历经数百年风雨早已是残损不堪，每一块青砖、每一条砖缝都可谓饱经沧桑，落日的光辉照耀着它们，落日和它们都很镇静，仿佛相约在其悠久旅程中的这一瞬间要看看我，看看这一个生性愚顽的孩子，等候此一铁生在此一时刻走过它们，或者竟是走进它们。我于是伫立。如梦如幻，我真似想起了这园墙被建造的年代。那样的年代里一定也有这样的时刻，太阳也是悬挂在那个地方，一样的红，一样的大，正徐徐沉落。一个砌墙的人，把这一铲灰摊平，把这一块砖敲实，一抬头，看见的也是这一幕风景。那个砌砖的人他是谁？有怎样的身世？他是否也恰好这样想过——几百年后，会不会有一个愚顽的人驻足于此,遥想某一个砌墙的人是谁? 想自己是谁? 想那时的戏剧与如今的戏剧是怎样越数百年之纷纭而相互关联? 但很多动人的心流或命运早已遗漏殆尽,已经散失得不可收拾,被记录的历史不过一具毫无生气的尸骸。

## 三十九

历史可能顾不得那么多,但写作应该不这样。历史可由后人在未来的白昼中去考证,写作却是鲜活的生命在眼前的黑夜中问路。你可以不问,跟着感觉走,但你要问就必不能去问尸骸,而要去问心流。这大约就是克尔凯郭尔所说的"主观性真理"。他的意思是:"在这些真理中,是不存在供人们建立其合法性以及使其合法的任何客观准则的,这些真理必须通过个体吸收、消化并反映在个体的决定和行动上。主观性真理不是几条知识,而是用来整理并催化知识的方法。这些真理不仅仅是关于外部世界的某些事实,而且也是发扬生命的难以捉摸、微妙莫测和不肯定性的依据。"

## 四十

难以捉摸、微妙莫测和不肯定性,这便是黑夜。但不是外部世界的黑夜,而是内在心流的黑夜。写作一向都在这样的黑夜中。从我们的知识("客观性真理")永远不可能穷尽外部世界的奥秘来看,我们其实永远都在主观世界中徘徊。而一切知识都只是在不断地证明着自身的残缺,它们越是广博高妙越是证明这残缺的永恒与深重,它们一再地超越便是一再地证明着自身的无效。一切谜团都在等待未来去解开,一切未来又都是在谜团面前等待(是啊,等待戈多)。所以我们的问路,既不可去问尸骸,又无法去问"戈多"。

但这并不证明人生的无望,那内在的徘徊终于会被逼迫出一种智慧——正如俄罗斯思想家弗兰克在其《生命的意义》中所说:生命的意义不是被给予的,而是被提出的。

我无法全面转述弗氏伟大精妙的思想,我只有向读者推荐他,并感谢刘小枫先生和徐凤林先生让这个只懂中文的铁生读到了他。我的简陋理解是:生命的意义本不在向外的寻取,而在向内的建立。那意义本非与生俱来,生理的人无缘与之相遇。那意义由精神所提出,也由精神去实现,那便是神性对人性的要求。这要求之下,曾消散于宇宙之无边的生命意义重又聚拢起来,迷失于命运之无常的生命意义重又聪慧起来,受困于人之残缺的生命意义终于看见了路。

## 四十一

说到人性,还要唠叨一句:人性解放,必定善哉?怕是未必。三寸金莲解放成大脚片子当然是好,但大脚就保证不受欺压吗?纳妾是过了景,但公款嫖娼却逢其时。"铁嘴儿""半仙儿"人人喊打,可造人为神的现代迷信并不绝迹。残疾人走进了奥运会,兴奋剂是否也就要走近残疾人了呢?人性中,原是包含着神性和魔性两种可能,浮士德先生总是在。

比如一切以商品、利润为号召的主义,谁也甭说谁,五十步恨百步而已。大家都看见了地球的衰危,可谁肯后退一步?先下手的并不松手,后下手的更是一肚子冤屈,叫骂着"为富不仁"却加紧行其不仁之事。千年之"禧"全球火爆,偏与神约无关,下一个千年又能怎样?谈判之风像是不坏,可谁跟地球谈判？谁跟大气层谈判？神约既已放弃，人性更容易解放成魔性，或者是，魔性一经有了人性做招牌，靡菲斯特宏图大展，正是一路势如破竹了。

平均主义是谁也没法儿再夸它了，况且，也不太能想象这人间失去竞争会是怎么一种寂寞荒凉。但愚顽的人老是想：竞争干吗就不能朝着另一种方向？比如说竞争朴素，竞争自家的装修更趋自然节俭，大家的地球更加苗壮丰沛。各种主义冷争热战各执一词，加起来还是画地为牢，不能在现有的主义之外寻找新途吗？

## 四十二

愚顽的人多是这样说着说着就跑题，让人笑话你这是在做的什么梦。不过我总是忍不住相信，人原是为了梦想而来，原就是这么乘梦而来的。史铁生是什么？是我的一个具体的梦境。我呢，我是他无边的梦想。我们一向就是这么相依为命，至死方休啊。

我常在夜深人静之时问他：怎么样你觉着，活得还好吗？于是由生至死的这一路风光便依次展现，如同录像，你捏住遥控器，可以倒带看看开头，也可以快进先看看结尾，可以无论停在哪一段落再仔细瞧瞧。他握住我的右手，说："你的手真凉啊。"我握住他的左手："你的也是，你冷吗？"但这终归是他的问题，是截瘫和尿毒症的问题，肉身问题，是苦海、惩罚、原罪。

我的问题是，既入惩罚之地，此一铁生你怎么办？我给他的建议是：最好把惩罚之地看成锤炼之地。但既是锤炼之地，便又有了一个顺理成章的猜想——我曾经不在这里，我也并不止于这里，我是途经这里。途经这里，那么我究竟要到哪儿去？终于会到哪儿去呢？我不信能有一种没有过程的存在，因此我很有信心地说：我在路上。这就难免还有一问：如此辛辛苦苦，就是为了在路上吗？真是何苦，你干吗一定要来呀？于是又要想想我是怎么来的了。我说过，就像现在不能离开过去和未来而是现在一样，我也不能离开别人而是我，我不能离开天离开地离开万物万灵……离开一切他者而是我。那么我是怎么来的？我是从一切中来啊，我是由一切所孕育、所催生的一缕浪动的消息，微薄但是独具。这样的消息并不都是由我决定，但这样的消息不死不灭总是以"我"为名——不信去问所有的人好了，他们无不是以"我"的角度在行走，在迷茫，在领悟。可我又说过，这一颗心盼望着走向宁静。是呀，宁静，但不是空无。怎么可能有绝对的无呢？那不是空无那是我的原在！原在——前人用过这个词吗？恕我无知，倘前人不曾用过，我来解释一下它的意思——那即是神在，我赖以塑造和受造的最初之在。

四十三

我不断地眺望那最初之在：一方蓝天，一条小街，阳光中缥缈可闻的一缕钟声，于恐惧与好奇之中铺筑成无限。因而我看着他的背影，看他的心流一再进入黑夜，死也不是结束。只有一句话是他的保佑："看不见而信的人是有福的。"

2000年1月20日

## 【思考题】

（1）以上内容节选自长篇哲思抒情散文《病隙碎笔》，史铁生将题目命名为"病隙碎笔"有何用意？

史铁生在创作《病隙碎笔》时，双肾功能已经衰竭，靠着血液透析存活。"把身体比作一架飞机，要是两条腿（起落架）和两个肾（发动机）一起失灵，这故障不能算小。"从最开始一周一次透析，到三天一次，再后来两天一次。他一边与病魔斗争，一边在病痛的小小间隙中记录自己平易而精辟的思考感悟。

（2）本章主要节选了《病隙碎笔》中关于生与死、苦难与信仰、残缺与爱情、写作与文学的部分。你可以边读边圈出最能打动自己的语句，反复品咂，与文本对话，与作者对话，体会作者的人生参悟，并将自己的点滴收获和阅读心得写下来。

残疾将史铁生的身体禁锢在轮椅上，但写作却给他安上了翅膀，使他的思想得以自由驰骋，写作满足了史铁生自由的欲望。史铁生通过写作重新体认自我、疗愈自我、实现自我，找寻到了生命的意义。写作不仅给史铁生创造了物质财富，更重要的是为中国人，甚至是全人类创造了精神财富。史铁生于2010年溘然长逝，肉身已死，精神不灭。人们通过读他的作品，与他对话，受到他的启发，从这种意义上来说，史铁生虽死犹生。

史铁生在《我与地坛》中写道："人为什么活着？因为人想活着，说到底是这么回事，人真正的名字叫作：欲望。"欲望，本质是一个中性词。因为有欲望，所以才有活下去的动力。那么如何让欲望发挥好它应有的作用呢？周国平在《生命的品质》一书中说："灵魂是欲望的导师，它引导欲望升华，于是人类有了艺术、道德、宗教。理性是欲望的管家，它对欲望加以管理，于是人类有了法律、政治、经济。"

写作不是作家的专利，每一个人都可以写作。在文中，史铁生说："写作不过是为心魂寻一条活路，要在汪洋中找到一条船。"《病隙碎笔》确实如此。每一个人都可以通过写作进行自我重建，在写作中认识自我、发现自我、疗愈自我、实现自我，个人生命的长度和宽度都能通过写作得到延展。我们也可以拿起笔，我手写我心，叙我事，抒我情：通过写作倾听和理解自己内心的声音，在文字中看见真实的自己；用写作的方式赶走坏情绪，缓解压力，疗愈自己；在写作中进入心流体验，获得成就感，满足自我实现的需要。

# 来到人间

　　星期六晚上,男的8点多才回到家,在过道里锁车的时候就感到意外:孩子没喊他,也没听见孩子的笑声。

　　屋里光线很暗,没开大灯,只一盏八瓦的小灯亮在尽里头的写字台上。女的坐在床沿上,见他进来,只把两条腿变了下位置,脸依然冲着电视,披了件旧外套,像是怕冷的样子。床上扔满了玩具。孩子在玩具中间睡着了,没脱衣裳,身上盖了条毛毯。

　　"没想到又这么晚。"男的说,看了看手表。女的没搭腔。

　　男的走到床的另一侧,一边解风衣扣一边俯身看看孩子:"怎么这么睡?"

　　女的还是没回头,说:"饭在厨房里,锅里。"声音齉齉[1]的,掏出手绢擤鼻子。

　　男的又绕到女的身旁,站着看电视,把胳膊抱在胸前,注意着妻子的脸。电视的光忽明忽暗在她脸上晃,让人弄不清她的表情。电视里在播球赛。他知道她从来不爱看球赛。

　　"怎么了你?"男的问。

　　"饭在锅里,凉了热热。"妻子的声音仍旧齉齉的,鼻音很重。

　　男的愣了一会儿,正转身要去厨房,听见女的长出气,并且

---

　　1　齉(nàng):指鼻子堵住,发音不清。

像啜泣那样颤抖。

"到底怎么了你?"男的又转回身来问。

"你先吃饭去。"男的走了几步,伸手去开大灯。

"别开!"女的说。男的退回到床边,挨着女的坐下,瞪着电视发愣。街上过汽车,荧光屏咔嚓咔嚓地闪。

"到底怎么啦?"

女的不说话,一条腿不住地颠。

"是不是孩子又怎么了?"

"她没说幼儿园好不好?"男的又问。

这下女的忍不住了,"哎——哎——"地哭起来,把头顶在丈夫肩上,浑身不住地抽动。丈夫茫然地坐着,抓紧妻子冰凉的手。

这孩子一来到世上,面前就摆好了一条残酷的路。先天性软骨组织发育不全。一种可怕的病。能让人的身体长不高,四肢长不长,手脚也长不大,光留下与正常人一样的头脑和愿望。一条布满了痛苦和艰辛的路,在等一个无辜的小姑娘去走。也许要走六十年、七十年,或者还要长,重要的是没有人知道这种病到什么时候才有办法治。

孩子不知道这些。和别的孩子一样,她睁开眼睛,看见一个五光十色的世界。小拳头紧攥着,蹬蹬腿,踹踹脚,想来这个世界上试试似的。饿了,或者尿了,她也哭。吃饱了,高兴了,她也笑。买只红气球挂在床栏杆上,太阳把气球照得透明闪亮,她皱着眉头不眨眼地看。和别的孩子完全一样。

"你说她是吗?"年轻的母亲说,不愿意说出那个病名。人们一般管那种病叫"侏儒症"。

年轻的父亲捅捅那只气球。一片红光飘来飘去,孩子的眼睛跟着转,笑了。还在襁褓里,这孩子就会笑。

妻子斜靠在被垛上，两手垫在脑后，眨巴着眼睛看对面的墙，像是那儿有一道题。丈夫趴在椅背上，交叉起两手顶着下巴，好像另一道题写在妻子的脚上。对面阳台上有个人在给盆花浇水，一边唱着京戏，遇着高音就巧妙地变个调子。孩子什么都不管，看着那只红气球，"咿咿呀呀"地说着自己的歌，仿佛知道童年不会太长，得抓紧懂事前的这段好时光。

"要不再到别的医院去看看？"母亲说。

父亲好一会儿没有出声，把目光从妻子的脚上转向窗外的天上。

"我看她不像。"母亲又说。

父亲猛地站起来："那就走！"

两口子急急忙忙把孩子裹好，抱起来，出了门，就像这回准有什么好结果。

"我们团有个编剧，"一边下楼梯女的一边说，"头一回化验说是肝炎，还很厉害，没过几天又到另一个医院去化验，结果各项指标都正常。咱们上哪儿？"

街上永远有那么多人，那么多车，简直不知道是为什么。男的站在马路边想了想，说："这回咱们不去太大的医院了。"


女的没有哭太久。"把灯开开吧。"她说。

男的把大灯拉开。

"把电视关了吧。"

男的把电视关掉。

女的开始收拾床上的玩具，一样一样收进一只小木箱。然后给孩子脱衣服。"嗷嗷，把衣服脱了睡。"不管你心里愿不愿意承认，孩子现在四岁了，个子就是比其他同岁的孩子矮，胳膊腿也明显的短。孩子一岁多的时候，这种病的特征开始显露，再不用跑医院检查了,剩下的是怎么接受这个事实。"嗷嗷,妈妈在这儿,脱了衣服好好睡。"孩子在梦里睁开眼看了看妈妈,又看见了爸爸,困得又闭上眼睛,呼吸中带着抽噎。

两个人一直看着孩子睡熟了,呼吸平稳了。

"嗯。"男的说,是问话,看着女的。

"下了班我去接她,"女的说,"一进幼儿园就见她一个人靠窗台站着,光是看着别的孩子在院儿里玩儿。一见我来,她就跑过来,拽着我要回家。两个阿姨在聊天。我问阿姨她怎么样。阿姨说还好,不过才两个礼拜,谁知道时间长了怎么样呢? 对了,你先吃饭吧。"

"等会儿。"

"出幼儿园没多远,她就跟我说,她的被子和枕头都丢在幼儿园了,让我回去拿。我说不用,星期一还要来呢。她一下子就哭起来,蹲在地上说什么也不走,非让我把她的被子和枕头都拿回来不可。我说:'你不是想上幼儿园吗?'她光是哭。我说:'你怎么又不想上了呢?'她光是哭。要不我去把饭给你拿来?"

"不用,不着急。"男的等着她往下说。

"她用胳膊钩住路边的一棵小树,就是不走。小胳膊钩也钩不住,就用两只胳膊这么抱着。我拉她也拉不动,就打了她一下。"女的用手抹眼泪,伤心地摇头。

男的焦急地等着她往下说。

"我还从来没打过她。我不知道我今天是怎么了。我从来没打过她一下。"

"我知道,我知道。这也没什么。"

"我打了她一巴掌。"女的仰起脸,把一缕头发拢到耳后,声音放得平缓些,"她就一个人哭着往幼儿园走,走到幼儿园门口又不敢进去,自己靠墙边儿站着,把脸扭过去不朝我这边看。好半天,还是我先过去跟她说对不起,问她为什么不想再上幼儿园了。她说:'你把被子和枕头拿回来,我再告诉你。'你看她。"

男的想:糟糕的就是她还这么聪明。

"我本来想说,你告诉我,我就去把被子和枕头拿回来。"

"千万别这么说。"

"就是。我知道不能骗她。"女的说,"她又让了一步,说,你要是拿不动,明天让爸爸来拿。"

"你答应了?"

"没。我知道咱们不能骗她。"

男的叹了口气:"嗯,后来呢?"

"这会儿天就快黑了。我狠了狠心,猛地抱起她来就走。你猜她怎么?也不哭了,也不喊了,使劲闭着嘴,一直到家,一句话都不说。我跟她说什么她也不理我。你说她这脾气。"

"就是,这孩子又聪明又有个性。"男的说。

女的到厨房去拿来个面包,给男的。

"不用。等会儿再吃。"

男的把面包搁在桌上,"她到底跟你说为什么了没有?"

"回到家她还是不理我,自己坐在床上摆弄那只塑料狗。我把饭做好摆在桌子上,她连看也不看。我把所有的玩具都给她拿出来,好,她连那只塑料狗也甩到一边去。我坐在床上,想跟她一块儿玩儿,她干脆一个人跑到厕所里去,把厕所的门插上。过了一会儿,我贴着厕所的门听,听见她在厕所里小声哭。我扒着门缝跟她说:'是不是别的小朋友说你什么了?'她立刻'哇——'的一声大哭起来,一边哭一边说,说别的孩子管她叫大头,叫她大脑壳,还管她叫丑八怪,还有……我说:'你告诉阿姨了没有?'她说她才不去告诉阿姨呢,她说她知道阿姨光喜欢别的孩子。"

女的又抽泣起来。男的不说话。

"我怀疑是阿姨那么叫过她,孩子们怎么想得起来那么叫她?"

"你先别这么瞎怀疑,"男的说,"先冷静点儿。"

"我要去找阿姨谈谈,找她们园长!"

"谈谈不是不可以,必要的时候甚至……不过这都不是最要紧的。"

"我让她把门开开,她说不,除非我答应明天把她的被子和枕头都拿回来。我说好吧。"

"你这么说了?"

"我没骗她!我明天就去把她的东西都拿回来!不让她去了。让她自己在家里玩儿。要不就把原来看她的那个老太太再请来,多少钱都行,五十,六十也行!"

"你再好好想想。"

"我早想了!"

"问题不在钱上,问题是她不能总在家里!"

"我也没说在钱上。得得得!我不听你说!"

"咱们别又吵。你想想,孩子总有一天……"

"你要说什么我都知道!我养她,养她一辈子。你不养算了,我一个人养!"

"你又不冷静。"男的说,站起来朝厨房走去。

女的追到过道里说:"就你那德行,冷静!"然后又回到屋里,坐在沙发上,呆愣着坐了好一会儿,眼泪又止不住地流。


死应该是一件轻松的事。生才是严峻的。一个人快要死了,无论如何我们可以安慰他:"放心吧!伙计,不管怎么说,你把你的路走完了,走得还不坏。"对一个刚来到世上的孩子呢?你能安慰他什么? 你能知道这个娇嫩的肉体和天真的心灵,将来会碰上什么吗? 你顶多可以跟他说:"行了伙计,既然来了,就得开始了。"

对所有的人来说,也都是这样。没人知道什么时候会碰上什么。生活中随时可能出现倒运的事。

丈夫很有才气,得了硕士学位,现在是工程师,身高一米八三。妻子是话剧演员,当然漂亮,身高一米六八。有一套一居室的房子,有厨房、厕所、煤气、暖气。女的还在香港有个叔叔,送给他们彩电、冰箱、录音机。然后,这个孩子来了,上帝像是生怕世上有一个平平安安的家庭。

妻子生这孩子的时候就不太顺利。孩子先是窒息、抽风,之后又得了肺炎,一直在医院里抢救。母亲也出了点毛病,住在另一间病房里。母女俩还没见过面。有一天大夫告诉父亲:"发现您这孩子有一种先天性的疾病。""嗯? 什么病?""软骨组织发育不全。""我不懂,对病我一点儿都不懂。""这病,怎么说呢? 不好治,而且……""会死吗?"年轻的父亲有些慌。"那倒不会,这病没有生命危险。"接着,大夫把那种病的后果告诉了他。

年轻的父亲跑到医院的小花园里坐着。夏天的中午,小花园里没什么人,晒蔫了的洋槐树下有一条长椅,水泥路面上浮着一层颤抖的热气。他坐了一个多小时,才渐渐明白发生了什么。一个矮人儿,只有一米一二高,头很大,躯干也像成年人的一样,只是四肢短,手指像脚趾一样又粗又短。他记得自己小时候就嘲弄过那样的人,追在人家身后喊"大个儿",没人教过他,也没有人制止他。他已经把这事忘了很多年了。这些年他忙这忙那,忙着考大学,忙着考研究生,不知不觉已经做了父亲。现在他清晰地记起来,那个矮人怎样装作没听见他的话,怎样急匆匆地走,想要摆脱他。现在他才想到,他曾给过一个心灵怎样的折磨。那颗心上已经磨出了老茧,已经不反抗了,只是逃避。他将有一个那样的女儿。

"不对!"他的一个老同学跟他说,"糟糕的不是你有一个那样的女儿,是有一个灵魂要平白无故地来世上受折磨!"

"这我想过。不过,所有的人不都是一样吗?譬如说我现在。"

"不一样。当然,人世间的痛苦你都可能碰上。可她呢?她是生来就注定了,痛苦要跟她一辈子。"

"她也许能因此成为一个很有作为的人呢?"

"战争能造就不少英雄,但是为了造就英雄就发动一场战争,有这回事吗?"

"那当然不。"他说。

"人是不得不成为英雄的。"

"这我同意。"

"大夫怎么说?"

"大夫说,她的肺炎很厉害,救得活救不活还不敢说。"

"这是暗示。"

"我知道是暗示。"

"你也可以给大夫一个暗示。"

"这我得跟我爱人商量。"

"她会同意吗?"

"我想不会。"

"你得说服她。"

"她肯定不听。"

正如父亲所预料的那样,年轻的母亲一听便大哭起来:

"不！不！我就要她！什么模样我也要！"

男的把饭菜热好,端进屋里。女的在看当天的晚报。

"你不再吃点儿?"

"什么叫再吃点儿? 我也一点儿没吃呢!"

男的听出,她已经冷静下来了。男的又跑去拿了一个碗和一双筷子,盛好饭放在茶几上,自己在另一个沙发上坐下。

"你怎么买着鱼了? 哪儿买的?"

她没回答,把自己的饭拨一半到男的碗里。

"什么鱼? 是鲤鱼吗?"男的拨弄着碗里的鱼,很快地朝女的脸上扫一眼。

过了一会儿,男的又说:"我看像鲤鱼。"

"不是。"女的勉强回答。

"不是鲤鱼?"男的故意装出惊讶的样子。

"我看她现在还太小。"女的说。

男的在嘴里费劲儿地捅着鱼刺,考虑怎么回答她。

"再过一年,啊? 怎么样? 明年再让她去。"

"还不是一样吗? 反正早晚有这么一天,她得知道她长得丑。"

"我答应了她,你没见她多高兴呢,立刻不哭了,一个人在床上玩儿,让我跟她一块儿玩儿。我到厨房去,她跑到厨房来问我:'你说我丑吗?'"

"你怎么说?"

女的张了张嘴,没说出话来,低头吃饭。

"你准又说她不丑。我跟你说不能骗她!"

"等她再大点儿,到五岁,再诉她,可能会好一点儿。"

"干吗不到六岁? 干吗不到七岁? 大点儿也长不好! 别说五岁。头一回知道自己是畸形人,和所有的人都不一样,别说五岁,五十岁也受不了。岁数越大也许越糟糕。"

"那怎么办?"

"没别的办法。得让她知道,让她及早在心里接受这个事实。"

男的又想起自己小时候嘲弄过的那个矮人。是接受这个事实,可不能是习惯、麻木和自卑,男的在心里对自己说,得让她保留生来的自尊。

"我怕她受不了。"女的说。

"谁受得了? 谁他妈的也受不了!"男的喊,使劲把饭碗蹾在茶几上。

妻子吓坏了。丈夫在屋里走了两个来回,赶紧把攥紧的拳头松开,提醒自己:要冷静。

"要是世界上只有你、我和她,咱们就永远不让她知道。"男的说。

"不过,"男的又说,"即便那样也不行,她自己早晚也会发现,你就长得比她漂亮。"

"还不如让我是她,让她是我。"母亲说。

"别瞎说了。"

"真的,我真的愿意。"

"我知道,"父亲抓住母亲的手,"我知道。不过不可能。即便可能又怎么样呢? 她也会像你现在这样,你也会像她这样。这事轮上谁,谁也受不了。"

"要是她是我,我是她,我就受得了。"

"咱们别说废话了好不好?"男的说。

"就让她再过一年再去吧。"女的坐到床上,看着熟睡的孩子。

男的不说话。

"我已经答应她了,我不能骗她。"

父亲还是不说话。

母亲看着梦中的孩子："咱们还不如不生她。还不如那时候不让她活。"

孩子能满床上爬了，满床上爬着追那只气球。气球在她眼前飘，她总是抓不住，捉不着。气球飘到桌子上，飘上玻璃窗，飘上屋顶，又飘下来。孩子嘎嘎地笑，尖声地叫，一心一意地追。她挺聪明，等到气球滚到她跟前，一下子扑上去，抱着气球坐在床上笑，举起来给爸爸妈妈看。忽然"砰!"的一声。孩子吓愣了，抬起头来看看桌子上，看看屋顶上，看爸爸，看妈妈，"哇!——"地哭开了。

孩子那惶然四顾的样子，给了父母很深刻的印象。还有那一声哭，使人想起一个在人丛中走丢了的孩子，发现左右没有了父母，都是些陌生的人。

夫妻俩越来越多地想到孩子的将来。

"你说她能长到一米四吗？女孩子只要能长到一米四，也就还可以。"女的跟好多人这么说过，有的人不言语，有的人说"也许差不多"。年轻的母亲叹气，心里什么都明白：要真能长到一米四，还算什么有病呢?……

孩子又得了一场大病，肾炎。真是个多灾多难的小姑娘。母亲请了假在家里，抱她去打针，按时给她喂药，大夫说不能让她吃盐。父亲的工作放不下，每天尽量早地跑回家。孩子明显地没有精神，不爱笑，总睡。

"今天好点儿吗?"

"打针的时候恨不能把嗓子哭破了。从注射室出来，她使劲把脑袋往门框上碰。这脾气长大了可怎么办?"

窗外正下着雪。从三层楼的窗口望出去，家家户户的灰房子上,都有一个白色的屋顶。雪花静静地飘落。他们知道自己要比孩子先离开世界,知道这孩子无论碰上什么事都将是一个"难"字,一个"苦"字,不知道她能不能应付得了。

"她真还不如不来。"母亲说。

"当初不如听那个大夫的话。"父亲说。

"其实,那时候她等于还没有生命。"他又说。

"什么?"

"人是在开始懂事了,才算有了生命。"

"我没懂你的意思。"

"那时候如果听了大夫的话,其实她一点儿都不知道痛苦。跟没生她一样。"

女的想了一会儿,说:"真的,是这么回事。"

"当时我就跟你说过。"男的说。

"你根本没这么说。"

"我说了。你根本一句都听不进去。"

"我光想,她长得再丑我也一样会爱她。"

"我说你应该替她想想。我还说,这不光是我们受得了受不了的事。你根本听不进去。"

女的想着过去的事和以后的事。

"咱们可以再生一个正常的。"男的忽然说。

"像咱们这种情况,也允许再生一个。"男的又说。

妻子把脸埋在手里,痛苦地摇头。

"我问过大夫了,行。"丈夫说,"这病不是遗传,咱们生这样的孩子,其实非常偶然。"

妻子抬起头,认真地听。

"是否正常,可以在怀孕期间检查出来。"

一直到晚上快睡觉的时候,女的才又说起这件事。

"不，我不想再要了。我怕那样咱们会偏心。我就要她一个。咱们别再要了。"

"咱们不会不偏心?"丈夫说。

"肯定会。不是偏那个就是偏这个。"

孩子睡在两个人中间。雪早停了，一缕月光照在床上。两个人都看着睡在中间的孩子。

"还有几个加号?"

"三个。还是跟原来一样。尿还是发红。"

"其实她现在也还什么都不懂。"男的说。

"这是命。"女的一下子没懂他的意思。

"我是说，她现在也可以一点儿痛苦都没有，跟没生她一样。"

"什么? 你说什么?"妻子恐怖地看着丈夫。

一团云彩又挡住了月亮，屋里完全黑暗。没有声音。两个人都知道对方没有睡。过了很久，丈夫感觉到床在颤动。妻子在哭。

男人在夜里才哭。男人睡着了的时候才把握不住自己。妻子把他推醒。那时月光又落在地上。他立刻很清醒: 无论什么事，也不管对不对，做不到就是做不到。因为爱这孩子，所以不想让她受以后这几十年的痛苦，但正是因为爱又做不到。 就像算命，不管算得准不准，反正你不会相信。或者不管你信不信，你还得活下去，该干什么还得干什么。

母亲该给孩子喂药了，父亲穿着单薄的衣服下地去拿暖壶。

现在孩子懂事了，生命真正开始了。夫妻俩一直害怕着这一天，没料到竟来得这么早。她有了记忆，知道了歧视，懂得气愤和痛苦了。她还不知道这仅仅是个开始。她想逃避，还不知道这是逃不开的。

"这不过是第一回。"男的说，半坐半躺在床上。他又想起那个被他嘲弄过的人。

女的躺在被窝里,睁着眼睛看天花板。孩子睡在她身边。街上传来洒水车"当当当"的铃声。

"这回还不是最难办的呢,"男的又说,"不过咱们得跟她说实话。"

"怎么说?"

"怎么说倒是小事。"

"那你说,你跟她说。"

"我当然可以说。不过,你答应了她不去幼儿园,她会说是你不让她去的。"

"你跟她说。然后我紧跟着就说,你说得对。"

"也行。不过怎么说呢?"

"你就说,所有的孩子都得上幼儿园。"

"不是,主要不在这儿。上幼儿园好办,硬把她送去她也得去。"

"那你说怎么说?"

"得让她知道,她确实是长得不好看。"

"我看说这个还早。她还太小。"

"就得现在说! 大了就更难办。"

"她脾气倔极了,她能干脆不理你。"

"那也得说。"

"还是你自己跟她说吧。她要是闹脾气,我好哄她。"

"就怕这样! 就怕我什么都跟她说了,你再来说好听的,说不是那么回事:'你长得不丑,你长得漂亮,你跟别的孩子一样,大伙都会喜欢你。'怕就怕这个! 比不说还坏!"

"我不是这么哄。我没说这么哄。"

"那你怎么哄? 我问你,你怎么哄?"

女的坐起来,披上衣服,胳膊交叉着抱在胸前,皱着眉头不说话。

楼上传来"嚓啦嚓啦"的拖鞋声,一会儿又"嚓啦嚓啦"地走回来。

男的赶紧又把攥紧的拳头松开,说:"但是她可以在其他方面不比别人差。你得这么说,她能在很多方面超过别人,做得比别人强。"

第二天是星期日,孩子很早就醒了,赖在被窝儿里不起来,看着春天的太阳照进屋里,太阳光越来越多,自己躺在床上唱。

母亲做好了早点,进屋来说:"快起床吧,小懒丫头,吃完饭带你去公园。"

"真的?"

"真的。"

"爸爸! 是真的吗?"

爸爸还在厨房里。她跳出被窝儿,抱住妈妈的脖子,在床上蹦,在妈妈的脸上亲。这孩子会来事儿。

"妈妈! 我穿哪件毛衣呀?"

"妈妈! 我穿什么裤子呀?"

"我的新皮鞋呢? 爸爸! 你给我买的新皮鞋放在哪儿啦?"

年轻的父母在过道里擦肩而过,互相看了一眼,表情都很严肃,甚至是紧张。

临出门的时候,孩子忽然有些担心:"妈妈,我不去幼儿园了吧?"

"不去。不去幼儿园。"

丈夫扽了一下妻子的衣襟。孩子一蹦一蹦地跑到楼道里去了。

"我知道,我知道,"妻子赶忙解释,"可是现在没法儿说。"

"那你也别那么说呀,'不去!'''不去!'说得那么肯定。"

两个人都叹气,急忙出来。孩子站在楼梯上喊他们。

公园里有了春天的模样,柳条绿了,湖面上有了游船。孩子一进公园就跑起来,跑跑停停,转回身喊她的父母。

"快来呀你们! 草! 草!"

草也绿了。孩子蹲在地上看,用手摸摸。

"有的草是绿的,爸爸,有的草是黄的。"孩子说。

"草跟草不一样。"父亲说。孩子已经跑开了。

到了儿童运动场,孩子不进去,只是扒着栅栏朝里面看,一声不响。

"你不想去滑滑梯吗?"母亲问她。

"你看,里面有那么多小朋友在玩儿。"父亲说。

孩子猛地跑开,故意蹦跳着,在地上捡石子,好像是说她自己也可以玩得很开心。她会掩饰自己的愿望了。

"这样下去她会离群,"父亲对母亲说,"她会慢慢变得孤僻。"那个极力想摆脱他的矮人,又浮现在他眼前,这几年他不断地想起那件事。

"船! 船! 妈妈,咱们划船吗?"孩子又跑回来,抱住母亲的腿。

"告诉妈妈,你们幼儿园有船吗?"母亲说。

孩子一愣。

妻子看一眼丈夫,丈夫点点头,鼓励她。

"妈妈,我想划船。"

"那你得答应妈妈一件事,明天去幼儿园。"

"嘘! ——"丈夫做个不满意的表情。

"嗯?"妻子有些慌张。

"别这么说,别这么许愿似的。"丈夫小声说。

孩子拉着母亲的手默默地走,专心地望着湖面上的船。

"爸爸带你划船去,走!"父亲拉过孩子的手。

孩子有些犹豫,把手缩回来,望望妈妈。湖面上那些划船的人真让人羡慕。

"走,咱们划船去,妈妈也去!"母亲说。

在船上,孩子一直不说话。船桨有时打起水花,孩子忍不住笑起来,尖声叫,但很快又静下来,像个大人似的,心事重重地看着船边荡漾的湖水。

"你看她。"母亲悄声说。

"嘘!——"父亲说,"哎,那个愁眉苦脸的,看咱们的船快不快!"

孩子故意不看他们,装听不见。划船原来是这么没意思。这样,明天就得上幼儿园去了。

"行了,你瞧她这脾气吧。"

"嘘!——"

整个上午,孩子再没有真正笑过。父母俩想尽办法让她高兴起来,孩子却想回家了。

"咱们吃点儿饭吧,回家去没有饭吃呀?"父亲对孩子说。

在饭馆里等饭的时候,父亲给孩子讲了个故事:"从前我认识一个小个子的人,很矮,只有筷子这么高……"

孩子笑起来:"真的? 那他用什么吃饭呢?"

"别笑,还没人敢笑话他。别看他个子矮。这个人很了不起,从来不把高个子的人放在眼里,很多事别人干不了,可他能干。"

"他能干什么?"

"嗯……很多,譬如说,他研究出了一种药,这种药矮个子的人吃了就能长高。"

"那他干吗不给自己吃一点?"

"嗯……可是他已经老了。别人吃了这种药都长高了,可是他自己却不会再长高了。所以没人敢笑话他矮,大伙儿都特别尊敬他。"

"这个人从小就上幼儿园。"母亲插嘴说。

丈夫差点没跳起来,狠狠瞪了妻子一眼。

孩子又低下头。过了一会儿,她又喊着要回家了,一个人先跑到饭馆外边去。

"我跟你说了,上幼儿园是小事!"丈夫冲妻子喊,跑出去追孩子。

女的呆呆地坐在饭馆里,想哭又哭不出来。服务员把饭菜端来了。她问多少钱,服务员说交过钱了。等服务员走开,她也走出饭馆。

她看见丈夫和孩子在草坪那边的长椅上,孩子正扯破了嗓子哭。她赶紧跑过去。

"看,妈妈来了,"父亲说,"妈妈给你道歉来了。"

"妈妈,"孩子哭着说,"我不去幼儿园。"

母亲抱着孩子:"噢噢,不哭,不哭。"不知再说什么好。

"妈妈骗了你,妈妈要给你说对不起。"丈夫给妻子使眼色。

孩子用脚使劲踢爸爸:"你甭说!不用你!你走!你滚一边去!"

母亲还是说不出话来,光流眼泪。

"他还说,"孩子哭着对妈妈说,"还说我就是大脑袋,就是——长得——难看,他还说。"

"那怕什么?那没关系。"母亲抹掉眼泪,尽量让声音平缓、柔和,"大脑袋怕什么?矮个子也没关系,你能在其他地方比别人强,比别人更有用。"

"不!不!!"孩子喊起来,"我不是!我不是!爸爸——

才——是呢!"她从母亲怀里挣脱出来,一个人哭着往前走去。

丈夫拍拍妻子的背:"这会儿你别再哭,有一个就够了。"

"我知道。我没哭。"

两个人跟在孩子后面追上去。


到家以后,孩子又把自己关在厕所里。

女的在厨房里洗菜、切菜。男的淘米。男的隔一会儿到阳台上去一回,从窗户缝往厕所里看看。

"干什么呢?"母亲问。

"靠墙站着,把鞋给脱了。"

母亲去敲厕所的门:"快开门,妈妈要上厕所。"没有回答。"把鞋穿上,要不该着凉了。"

过了一会儿,父亲又到阳台上去,回来说:"把袜子也脱了。"

"她这脾气可怎么办?"

"我看倒好。她得有点儿脾气。得让她有点儿脾气。"

妻子靠在丈夫怀里,觉得身上一点劲儿都没有了。"得让她把鞋穿上,要不该着凉了。"

"不会。放心,不会。"丈夫说,"得让她保持住这种硬劲儿。没办法。无论将来她遇见什么,她不能太软了,得有股硬劲儿。"

天渐渐黑了。夫妻俩站在厨房通向阳台的门旁,听着孩子的动静。

过了很久,厕所的门轻轻响了一下。

孩子站在厨房门前的过道里,看见爸爸搂着妈妈,外面是万家灯火,还有深蓝色的天空和闪闪的星星……


                                        1985 年

【思考题】

(1)"丈夫很有才气,得了硕士学位,现在是工程师,身高一米八三。妻子是话剧演员,当然漂亮,身高一米六八。有一套一居室的房子,有厨房、厕所、煤气、暖气。女的还在香港有个叔叔,送给他们彩电、冰箱、录音机。然后,这个孩子来了,上帝像是生怕世上有一个平平安安的家庭。"联系上下文,谈谈这段话在文中有何作用。

史铁生在这里运用了对比的修辞手法,患有侏儒症的女孩和她的父母形成鲜明对比:父亲除了身高一米八三以外,还才华横溢;母亲除了身高一米六八以外,还是一名漂亮的话剧演员。加之这家人在物质上的优越条件,本是一个幸福美满的家庭,却生下了一个畸形的孩子。这个孩子一出生就不太顺利,先是窒息、抽风,之后又得了肺炎、软骨组织发育不全等疾病,形体上也与常人不同,进入幼儿园被其他孩子称作"大脑壳""丑八怪"。一个无辜的孩子进入群体生活后避免不了别人投来的异样的目光,这种自我意识觉醒时产生剧痛的心灵体验被史铁生细腻的文笔描绘得淋漓尽致。孩子企图通过不上幼儿园来逃避他人的异样目光和嘲弄,但是我们深知无论如何逃避都是徒劳,终归逃避不了命运的安排。

(2)"一个矮人儿,只有一米一二高,头很大,躯干也像成年人的一样,只是四肢短,手指像脚趾一样又粗又短。他记得自己小时候就嘲弄过那样的人,追在人家身后喊'大个儿',没人教过他,也没有人制止他。他已经把这事忘了很多年了。这些年他忙这忙那,忙着考大学,忙着考研究生,不知不觉已经做了父亲。现在他清晰地记起来,那个矮人怎样装作没听见他的话,怎样急匆匆地走,想要摆脱他。"联系上下文,谈谈这段话的作用。

那个年轻的父亲因女儿的病想起了他小时候曾嘲弄过别人,追在人家身后喊"大个儿",当时没人教过他,也没有人制止他,现如今自己的女儿成了被他人嘲弄的对象。《来到人间》揭示了命运的偶然性、残酷性、荒诞性,这个情节多少让人觉得命运也有因果轮回。

(3) 史铁生借年轻父母的对话和心理活动,表达了他的思考:父母是否有权替一个初生的孩子决定他(她)的生存权?于他(她)自我意识未觉醒之时扼杀一个先天残缺的孩子,这对孩子是否是一种解脱?父母用爱呵护、用心教育残障孩子,使之心智健康成长,以期他(她)能以强大的心智对抗苦难,可行吗?史铁生为什么会有这些思考?你是否在史铁生其他的作品中也看到类似的思考?

人是被抛掷到这个世界上的,出生并未询问过个人的意愿,个人更无从对自己的命运作出选择。《来到人间》讲述了一个原本幸福美满的家庭,一对优秀的父母,因生下患有侏儒症的孩子而陷入痛苦、挣扎、不幸。一个无辜的生命,生来就被剥夺了做正常人的权利,等待这个孩子的将是无尽的苦难和挑战。

这些思考一直缠绕着史铁生,在他的其他作品中也有体现。

(4) 在《夏天的玫瑰》一文中,一位截瘫的老人劝导一对年轻的夫妇放弃抢救先天残疾的婴儿,老人认为半路残疾是没办法避免的事，既然已经提前预见孩子极可能残废，为什么一定要把他救活，为什么要把注定受尽折磨的生命带到世上来？但父母对孩子爱得深沉，又怎么舍得扼杀孩子的生命。其实，这位截瘫的老人并非不爱孩子，而是很爱孩子，他在截瘫后以卖小风车为生，不仅能靠小风车养活自己，还能给孩子们带来欢乐。文中多次描写关于风车的歌谣、风车的转动等细节，无疑彰显这位截瘫的老人有多么爱孩子。此外，还多次写到老人随身携带青铜公牛，公牛健硕的躯体代表老人对健康身体的向往，它还象征着无穷的力量和强大的生命力，让老人有了活下去的勇气。史铁生为什么会有这些思考？

史铁生虽然最终走出了残疾的阴影，在苦难中仍能发出"爱命运"的感慨，接受并感恩命运的安排，但他深知自己一路走来的艰辛，更深知先天残疾相比半路残疾的儿童面对现实社会的艰辛。一个正常健全的人，步入社会，尚且都要在职场摸爬滚打，和生活短兵相接，在爱情婚姻中也难免迷惘受伤……这些苦、这些痛，对于这样先天残疾的孩子而言，得翻千百倍。虽然当下有法律层面的相关保障，法律法规和制度建设也在不断完善，但残疾人依然面临着社会偏见，很难获得真正平等、真正人道主义的对待。所以，史铁生通过这些文学作品，真实、真诚地表达了残疾给个人以及家庭带来的创伤，字里行间倾注了其发自内心的深深悲悯。

总而言之，史铁生的作品深刻地反映了社会弱势群体的生活现状和内心世界，他不仅用敏锐的洞察力揭示社会的不公，更以深沉的同情心为这些群体发声。

# 第3课

## 体悟亲情,感悟生命

有一天那个孩子长大了,会想起童年的事,会想起那些晃动的树影儿,会想起他自己的妈妈。他会跑去看看那棵树。但他不会知道那棵树是谁种的,是怎么种的。

《秋天的怀念》（选入部编版语文七上）和《我与地坛》（选入高中语文必修上）这两篇作品被选入语文教材。其中，《秋天的怀念》是史铁生于1981年创作的散文，文中除了抒发对母亲的怀念之情之外，还隐约带着作者的悔恨和愧疚之情，表达了作家对生命意义的感悟。如果孤立地读《秋天的怀念》，很难深刻体悟它所表达的丰富意蕴和深沉含蓄的情感。如果我们把史铁生的《合欢树》作为参照阅读篇目，在互文性文本的阅读中更容易还原出一个真实、立体的母亲。通过比较"母亲"的形象和"我"的形象的不同之处，能更加全面地感悟史铁生的悔恨和愧疚之情，理解母亲口中"好好儿活"是期望儿女们无论遭受了怎样的打击，都要珍爱生命，勇敢地活下去，找到属于自己的幸福。《合欢树》《老海棠树》也让我们更能体会史铁生作品融情于景、借物抒情的艺术特色。

## 爱是人类唯一的救助

"人是被抛到这个世界上来的"，人生无常恰是人生之常。面对人生中突如其来的风雨，一开始人们都会本能地埋怨命运的不公，也会奋起反抗，本以为很快就能雨过天晴，没想到雷声大作之后还有倾盆大雨，你是一把漏洞百出的雨伞，而爱是补丁，是在你失望、绝望后出现的希望，帮助你化解苦难，超越苦难。

史铁生在他"最狂妄的年龄上忽地残废了双腿"（《我与地坛》），曾是校跳远冠军的他从高峰跌到深井，而且是一口一眼望不到底的深井，瘫痪、尿毒症接踵而至，"任何灾难的前面都可能再加一个'更'字"（《病隙碎笔》）。苦难如深井，爱是绳索。史铁生靠着爱的绳索,攀缘而上,《扶轮问路》中更简要地总结出:事实上,人类的一切精神向往,莫不始于一个爱字。史铁生生命中最重要的三位女性——奶奶、母亲、妻子,奶奶陪伴了史铁生的童年,母亲用骨肉亲情在他最痛苦绝望时给了他最温暖的陪伴和鼓励,妻子则用爱守护、丰富了他余下的人生。

## 母亲:在失望、绝望中寻找希望

《合欢树》开头写在史铁生十岁那年,年轻的母亲、健康的儿子谈笑风生,现世安稳,岁月静好。此时虽未提及合欢树,但这便是母子合欢的情景。合欢树开花时火红火红的,因此是鸿运和吉祥的象征,也寓意家庭和睦。彼时,作者对墙打乒乓,而母亲正在给自己做一条蓝地白花的裙子,母子俩在有相同的喜好——写作的同时,还能各得其所。

然而,当作者残疾后:原先的现世安稳,变为"兵荒马乱";原先的岁月静好,变为世事沧桑。尽管"医院已经明确表示,我的病目前没办法治",母亲仍执拗地拼尽全力想为我治疗身体上的疾病。"到处"从空间的角度,写出母亲为我寻医问药做出的努力;"每一回"从时间的角度,写出了母亲的坚持。最令人动容的表述还属"全副心思",母亲的世界里从此不再有自己,母亲不再年轻,不再是那个给自己做蓝地白花裙子的母亲了。就像张晓风在《母亲的羽衣》一文中写的那样,母亲自己锁住那身昔日的羽衣,然后用最黯淡的一件粗布把自己掩藏。当医生不抱希望,作者也不抱希望,甚至绝望,"心想死了也好,死了倒痛快"的时候,是母亲在一次次怀抱希望时失望,在一次次失望中绝望,又在绝望中找寻希望。

在《合欢树》中,史铁生写道:"那年,母亲到劳动局去给我找工作,回来时在路边挖了一棵刚出土的'含羞草'。"作者不止一次在小说中写到残疾人找工作碰壁的情节，其实都是作者的亲身经历。母亲去劳动局给作者找工作时想必也很受挫，然而母亲却能在回来的路上发现刚出土的"含羞草"，挖来种在花盆里。一株路边刚出土的野草，是那么羸弱，我见犹怜，母亲看到这株"含羞草"，也许想到了自己病中的儿子。母亲的不抛弃、不放弃，不仅仅体现在对儿子上，也体现在对待物上。"没有发芽，母亲叹息了一回，还不舍得扔掉，依然让它长在瓦盆里"，这样的执着，亦如给儿子治病时的执着。

后来发现这"草"其实是一棵合欢树。"第三年，合欢树却又长出叶子，而且茂盛了"，虽还未开花，仅是茂盛了，就足以让母亲高兴很多天，以为那是个好兆头。人往往在绝望至极时才会想到从外物中寻点"好兆头"。"有时念叨，不知道这种树几年才开花"，母亲何止是期盼树开花，还期盼她的儿子能够绽放出生命的花朵。当母亲对于医治身体已经绝望后，又萌生出儿子通过写作找到精神追求的希望。于是又"到处"去给"我"借书，就像当年千方百计"到处"寻医问药时一样。文中的两次"到处"让人看得心疼，看得肃然起敬。深陷苦难中的母亲已不单单是慈母的形象了，还是一位斗士的形象。在失望、绝望中寻找希望的母亲，也影响了史铁生。

作者的小说中，多次呈现希望的重要性。人一定要有希望，哪怕身处绝境，哪怕实现不了，也必须要有。希望是光，指引着人们的生命方向。《命若琴弦》《原罪》中也隐含着这个主题。

### 儿子：拒绝苦难，接受苦难，超越苦难

双腿残废的作者一开始难以接受命运的安排，曾一度深陷愤怒躁动、怨天尤人的泥沼。例如，《秋天的怀念》中的"暴怒无常"，《合欢树》中的心如死灰："别浪费时间啦！根本没

用!"心想死了也好,死了倒痛快。"他无法接受,也不愿接受苦难,身体的残疾使他心理失衡,而他的精神其实也是残缺的。

时间是疗愈伤口的良药,随着时间的流逝,作者也在不断地上下求索精神的解药。他渐渐地走出了绝望,接受了命运的安排:"我一心只想着写小说,仿佛那东西能把残疾人救出困境。"(《合欢树》)之后他很快进入了一个新的境界,他在《在友谊医院"友谊之友"》中较为详细地阐释了这种新境界:

> 新境界的另一方面就是镇静,就是能够镇静地对待困境了,不再恐慌了。别总想逃避困境;你恨它,怨它,跟它讲理,想不通,觉着委屈,其实这都是想逃避它。可困境所以是困境,就在于它不讲理,它不管不顾、大摇大摆地就来了,就找到了你头上,你怎么讨厌它也没用,你怎么劝它一边去它也不听,你要老是执着地想逃离它,结果只能是助纣为虐,在它对你的折磨之上又添了一份自己对自己的折磨。

这也是作者在叙述苦难、怀念母亲的时候,语言那么沉静、克制的原因。

庄子《德充符》中讲过一个故事,申徒嘉是个被砍掉了一只脚的人,跟郑国的子产同拜伯昏无人为师。子产对申徒嘉说:"我先出去,那么你就等一会儿走;你先出去,那么我就等一会儿走。"到了第二天,子产和申徒嘉同在一条席子上坐着学习。子产再次重申让申徒嘉避让他,还说:"你见了我这执掌政务的大官却不知道回避,你把自己看得跟我这个执政大臣一样吗?"申徒嘉说:"你拜师学习,追求广博精深的见识,正是先生所倡导的大道。你竟说出这样的话!"子产说:"你已经如此

85

形残体缺，还要跟尧争比善心，你估量下你的德行，受过断足之刑还不足以使你有所反省吗？"申徒嘉曰："自状其过以不当亡者众，不状其过以不当存者寡。知不可奈何而安之若命，唯有德者能之。"即陈述或辩解自己的过错，认为自己不应当形残体缺的人很多；不陈述或辩解自己的过错，认为自己不应当形整体全的人很少。懂得事物之无可奈何，安于自己的境遇并视如命运安排的那样，只有有德的人才能做到这一点。史铁生也做到了"知不可奈何而安之若命"。接受苦难，接受命运的安排，无可奈何又能安于处境，顺应自然，这就到达了他所谓的"新境界"。

人们遇到苦难时，本能地会尽可能地回避、拒绝苦难，但费尽心思、千方百计却依然无法逃避苦难的时候，史铁生选择接受苦难，"知不可奈何而安之若命"。史铁生并不止步于此，而把安之若命视为起点，在看到和接受人所必有的限制之后，苦难便成为开悟的契机，苦难便成为自己生活中的一种推动力量。不只超脱，还有超越。

"我一心只想着写小说，仿佛那东西能把残疾人救出困境。"（《合欢树》）接受并理解了肉身有所限，进而转向追求精神上的超越。史铁生在《病隙碎笔》中写道："看见苦难的永恒，实在是神的垂怜——唯此才能真正断除迷执，相信爱才是人类唯一的救助。这爱，不单是友善、慈悲、助人为乐，它根本是你自己的福。这爱，非居高的施舍，乃谦恭的仰望，接受苦难，从而走向精神的超越。"也正是有这种超越，他才会写下"悲伤也成享受"（《合欢树》）。弘一法师临终前曾写下"悲欣交集"四个字。人生的欢乐和悲伤是错落交织在一起的，表面上悲、欣并不等同，但本是水乳交融、难分彼此的，它们都是人生的必然组成部分。

阅读史铁生的文章时，我们跟随着他沉静的笔调，看到他对生命意义的思考和探索，看到他从拒绝苦难，到接受苦难，再到超越苦难的过程。虽然母亲和他的爱不同，但本质是一样的……仅仅看到这些还不够，阅读不单要读懂作者，读懂文本，还要连通自己的世界，自我反省，自我发现，自我变革，从而完善更新。

# 合欢树

　　十岁那年，我在一次作文比赛中得了第一。母亲那时候还年轻，急着跟我说她自己，说她小时候的作文做得还要好，老师甚至不相信那么好的文章会是她写的。"老师找到家来问，是不是家里的大人帮了忙。我那时可能还不到十岁呢。"我听得扫兴，故意笑："可能？什么叫可能还不到？"她就解释。我装作根本不再注意她的话，对着墙打乒乓球，把她气得够呛。不过我承认她聪明，承认她是世界上长得最好看的女的。她正给自己做一条蓝地白花的裙子。

　　二十岁，我的两条腿残废了。除去给人家画彩蛋，我想我还应该再干点儿别的事，先后改变了几次主意，最后想学写作。母亲那时已不年轻，为了我的腿，她头上开始有了白发。医院已经明确表示，我的病目前没办法治。母亲的全副心思却还放在给我治病上，到处找大夫，打听偏方，花很多钱。她倒总能找来些稀奇古怪的药，让我吃，让我喝，或者是洗、敷、熏、灸。"别浪费时间啦！根本没用！"我说。我一心只想着写小说，仿佛那东西能把残疾人救出困境。"再试一回，不试你怎么知道有用没用？"她说。每一回都虔诚地抱着希望。然而对我的腿，有多少回希望就有多少回失望。最后一回，我的胯上被熏成烫伤。医院的大夫说，这实在太悬了，对于瘫痪病人，这差不多是要命的事。我倒没太害怕，心想死了也好，死了倒痛快。母亲惊惶了几个月，昼夜守着我，一换药就说："怎么会烫了呢？我还直留神呀！"幸亏伤口好起来，不然她非疯了不可。

后来她发现我在写小说。她跟我说："那就好好写吧。"我听出来，她对治好我的腿也终于绝望。"我年轻的时候也最喜欢文学。"她说。"跟你现在差不多大的时候，我也想过搞写作。"她说。"你小时候的作文不是得过第一？"她提醒我说。我们俩都尽力把我的腿忘掉。她到处去给我借书，顶着雨或冒了雪推我去看电影，像过去给我找大夫、打听偏方那样，抱了希望。

三十岁时，我的第一篇小说发表了，母亲却已不在人世。过了几年，我的另一篇小说又侥幸获奖，母亲已经离开我整整七年。

获奖之后，登门采访的记者就多。大家都好心好意，认为我不容易。但是我只准备了一套话，说来说去就觉得心烦。我摇着车躲出去。坐在小公园安静的树林里，我闭上眼睛，想：上帝为什么早早地召母亲回去呢？很久很久，迷迷糊糊地，我听见回答："她心里太苦了。上帝看她受不住了，就召她回去。"我似乎得到一点安慰，睁开眼睛，看见风正在树林里吹过。

我摇车离开那儿，在街上瞎逛，不想回家。

母亲去世后，我们搬了家。我很少再到母亲住过的那个小院儿去。小院儿在一个大院儿的尽里头，我偶尔摇车到大院儿去坐坐，但不愿意去那个小院儿，推说手摇车进去不方便。院儿里的老太太们还都把我当儿孙看，尤其想到我又没了母亲，但都不说，光扯些闲话，怪我不常去。我坐在院子当中，喝东家的茶，吃西家的瓜。有一年，人们终于又提到母亲："到小院儿去看看吧，你妈种的那棵合欢树今年开花了！"我心里一阵抖，还是推说手摇车进出太不易。大伙儿就不再说，忙扯些别的，说起我们原来住的房子里现在住了小两口，女的刚生了个儿子，孩子不哭不闹，光是瞪着眼睛看窗户上的树影儿。

我没料到那棵树还活着。那年，母亲到劳动局去给我找工作，回来时在路边挖了一棵刚出土的"含羞草"。以为是含羞草，种在花盆里长，竟是一棵合欢树。母亲从来喜欢那些东西，但当时心思全在别处。第二年合欢树没有发芽，母亲叹息了一回，还不舍得扔掉，依然让它长在瓦盆里。第三年，合欢树却又长出叶子，而且茂盛了。母亲高兴了很多天，以为那是个好兆头，常去侍弄它，不敢再大意。又过一年，她把合欢树移出盆，栽在窗前的地上，有时念叨，不知道这种树几年才开花。再过一年，我们搬了家，悲痛弄得我们都把那棵小树忘记了。

　　与其在街上瞎逛，我想，不如就去看看那棵树吧。我也想再看看母亲住过的那间房。我老记着，那儿还有个刚来到世上的孩子，不哭不闹，瞪着眼睛看树影儿。是那棵合欢树的影子吗？小院儿里只有那棵树。

　　院儿里的老太太们还是那么欢迎我，东屋倒茶，西屋点烟，送到我眼前。大伙儿都不知道我获奖的事，也许知道，但不觉得那很重要；还是都问我的腿，问我是否有了正式工作。这回，想摇车进小院儿真是不能了。家家门前的小厨房都扩大，过道儿窄到一个人推自行车进出也要侧身。我问起那棵合欢树。大伙儿说，年年都开花，长到房高了。这么说，我再看不见它了。我要是求人背我去看，倒也不是不行。我挺后悔前两年没有自己摇车进去看看。

　　我摇着车在街上慢慢走，不急着回家。人有时候只想独自静静地待一会儿。悲伤也成享受。

　　有一天那个孩子长大了，会想起童年的事，会想起那些晃动的树影儿，会想起他自己的妈妈。他会跑去看看那棵树。但他不会知道那棵树是谁种的，是怎么种的。

1985年

90

## 【思考题】

（1）文章以"合欢树"为标题，正文出现过7次"合欢树"，你觉得文中的"合欢树"除了指母亲种下的那棵树以外，还有什么象征意义？

在文学作品中，物往往含有丰富的象征意义。在史铁生的《合欢树》中，"合欢树"不仅指母亲亲手种下的那棵树，而且象征着生命的坚韧和延续。首先，"合欢树"可以象征母亲无尽的爱与照顾，它的生长历程反映出母亲的付出和坚守。其次，"合欢树"还象征着史铁生自身的生命状态。树的成长过程，就像是史铁生面对生活困境时的自我修养和历练。再次，它还象征着生命的顽强和坚韧，无论经历了多少风雨，依然能够繁茂生长。"合欢树"表达了史铁生对生命的崇高敬意和深深的赞美。

（2）作者为什么从"不愿意去那个小院儿"到想见那棵树，再到"再看不见它了"？

作者沉浸在母亲去世的创痛中，他刻意躲开和母亲当年生活有联系的事物，害怕睹物思人，不思量，自难忘。越是不敢触碰对母亲的回忆，越是说明母亲的去世对作者的冲击之大，以及作者对母亲的愧疚之深。曾经可以进院子去看合欢树时，没去看，如今想去看时，却进不去："这回，想摇车进小院儿真是不能了。家家门前的小厨房都扩大，过道儿窄到一个人推自行车进出也要侧身。"曾经和母亲相伴时，史铁生不懂得自己的痛苦在母亲那儿是加倍的，现在读懂了母亲，找到了生命的意义，母亲却不在了。"树欲静而风不止，子欲养而亲不待"是作者此生的遗憾。

# 秋天的怀念

　　双腿瘫痪后，我的脾气变得暴怒无常。望着望着天上北归的雁阵，我会突然把面前的玻璃砸碎；听着听着李谷一甜美的歌声，我会猛地把手边的东西摔向四周的墙壁。母亲就悄悄地躲出去，在我看不见的地方偷偷地听着我的动静。当一切恢复沉寂，她又悄悄地进来，眼边红红的，看着我。"听说北海的花儿都开了，我推着你去走走。"她总是这么说。母亲喜欢花，可自从我的腿瘫痪后，她侍弄的那些花都死了。"不，我不去！"我狠命地捶打这两条可恨的腿，喊着："我可活什么劲！"母亲扑过来抓住我的手，忍住哭声说："咱娘儿俩在一块儿，好好儿活，好好儿活……"

　　可我却一直都不知道，她的病已经到了那步田地。后来妹妹告诉我，她常常肝疼得整宿整宿翻来覆去地睡不了觉。

　　那天我又独自坐在屋里，看着窗外的树叶唰唰啦啦地飘落。母亲进来了，挡在窗前："北海的菊花开了，我推着你去看看吧。"她憔悴的脸上现出央求般的神色。"什么时候？""你要是愿意，就明天？"她说。我的回答已经让她喜出望外了。"好吧，就明天。"我说。她高兴得一会儿坐下，一会儿站起："那就赶紧准备准备。""哎呀，烦不烦？几步路，有什么好准备的！"她也笑了，坐在我身边，絮絮叨叨地说着："看完菊花，咱们就去'仿膳'，你小时候最爱吃那儿的豌豆黄儿。还记得那回我带你去北海吗？你偏说那杨树花是毛毛虫，跑着，一脚踩扁一个……"她忽然不说了。对于"跑"和"踩"一类的字眼儿，她比我还敏感。她又悄悄地出去了。

她出去了，就再也没回来。

邻居们把她抬上车时，她还在大口大口地吐着鲜血。我没想到她已经病成那样。看着三轮车远去，也绝没有想到那竟是永远的诀别。

邻居的小伙子背着我去看她的时候，她正艰难地呼吸着，像她那一生艰难的生活。别人告诉我，她昏迷前的最后一句话是："我那个有病的儿子和我那个还未成年的女儿……"

又是秋天，妹妹推我去北海看了菊花。黄色的花淡雅，白色的花高洁，紫红色的花热烈而深沉，泼泼洒洒，秋风中正开得烂漫。我懂得母亲没有说完的话。妹妹也懂。我俩在一块儿，要好好儿活……

1981年

## 【思考题】

(1) 为何"我"望着北归的雁阵,会突然把面前的坡璃砸碎;听着李谷一甜美的歌声,会猛地把手边的东西摔向四周的墙壁? 面对"我"的过激行为,母亲只是"悄悄地躲出去""偷偷地听我的动静","当一切恢复沉寂,她又悄悄地进来",如何理解母亲的行为?

此文写于1981年,那年作者30岁。史铁生21岁时因双腿瘫痪从陕北延安回到北京。21岁本该是朝气蓬勃、活力四射的年纪,突如其来的病魔却将史铁生禁锢在轮椅上,可以想象当时的他内心充满愤怒、怨恨、嫉妒等情绪。一句"脾气变得暴怒无常"极具概括力,接着文中列举了他暴怒无常的具体表现。北归的雁阵是自由的,李谷一的歌唱的都是美好的生活,这些生活中常见的细节,像针一样扎在"我"敏感脆弱的心上,美好的事物却引起了心理的失衡,牵动着愤怒的神经,而这些如山洪暴发、蓄积已久的情绪在"我"的肉体苦痛之上更添了精神苦痛。母亲没有阻拦"我"发泄情绪的行为,她知道儿子内心的苦痛,只是"悄悄地躲出去""偷偷地听我的动静","当一切恢复沉寂,她又悄悄地进来"。"我"的痛苦在母亲心里是加倍的,她却强忍着内心的悲伤,处处为"我"考虑,"悄悄""偷偷"里藏着的都是母亲的谨慎小心、慈爱细心,以及无私的爱。

(2) 作者在文中多次使用叠词,你能找出几处,试作分析吗?

"她常常肝疼得整宿整宿翻来覆去地睡不了觉"，"常常"强调母亲生病时间之久，"整宿整宿"强调母亲受病痛折磨之深。"邻居们把她抬上车时，她还在大口大口地吐着鲜血"，"大口大口"强调母亲病情的严重。叠词的使用让情感更加浓郁，语言如清泉，将内心的怀念、忏悔和对生命的领悟汩汩地涌出。作者善用叠词，使得语言具有音乐的美感，读来犹如溪水潺潺而流，叮咚作响。

(3)《秋天的怀念》几次提到了看菊花？为什么要反复写"看花"？

《秋天的怀念》中三次提到了看菊花。第一次是在"我"双腿瘫痪后，内心愤懑，母亲知道再多的言语宽慰都难以抚平"我"身心的创伤，于是提议去北海看花，希望"我"不局促于狭小的空间，在大自然中得到疗愈，受到菊花品格的启迪，唤起生存的欲望。第二次是在"我"的心绪渐渐平静，痛苦被时间的长河冲淡时，"看着窗外的树叶唰唰啦啦地飘落"，母亲担心秋天的萧索影响到"我"的心情，于是挡在窗前，再次提议去看菊花。这次"我"略显敷衍地答应，但还未成行，母亲便去世了。母亲想让"我"从秋天盛开的菊花中领悟"好好儿活"的道理，可惜母亲在世时"我"未真正领悟，未体会她的用心，直到母亲的死唤醒了"我"。"我"恍然醒悟母亲竟然病重至此，还在处处为"我"着想，时时惦记"我"，而"我"却只关注自己的苦痛，自怨自艾。第三次是妹妹推"我"去北海看菊花。又是秋天，"我"已领悟生命的真谛，这次看菊花既像是完成母亲的心愿，更像是通过看花完成对母亲的祭奠。"黄色的花淡雅，白色的花高洁，紫红色的花热烈而深沉，泼泼洒洒，秋风中正开得烂漫。"浅层来看，这句是环境描写，简单的几个颜色修饰词，寥寥几笔，就像一位画家大笔一挥，泼泼洒洒，一幅明媚烂漫的秋景菊花图便呈现在眼前。绚丽的色彩彰显着生命的烂漫多姿。深层来看，菊花的淡雅高洁，是母亲品质的写照；菊花的热烈深沉，是母爱的写照。简而言之，"花"是美好生活的象征，"看花"意味着走向新生，追求美好生活。"看花"凝聚着母亲对儿子的良苦用心，是母爱的集中体现。"看花"意味着我终于领悟到母亲的苦心，母亲心愿达成，"我"走向新生。

作者赴一场看花的约定，获得生命的救赎。写下此文时，距离作者双腿瘫痪已近10年，距离母亲去世已近4年，此时他已发表了多篇小说，已找到了生活的方向，已经"懂得母亲没有说完的话。妹妹也懂。我俩在一块儿，要好好儿活……"

# 老海棠树[1]

　　如果可能，如果有一块空地，不论窗前屋后，要是能随我的心愿种点儿什么，我就种两棵树。一棵合欢，纪念母亲。一棵海棠，纪念我的奶奶。

　　奶奶，和一棵老海棠树，在我的记忆里不能分开；好像她们从来就在一起，奶奶一生一世都在那棵老海棠树的影子里张望。

　　老海棠树近房高的地方，有两条粗壮的枝桠，弯曲如一把躺椅，小时候我常爬上去，一天一天地就在那儿玩。奶奶在树下喊："下来，下来吧，你就这么一天到晚待在上头不下来了？"是的，我在那儿看小人书，用弹弓向四处射击，甚至在那儿写作业，书包挂在房檐上。"饭也在上头吃吗？"对，在上头吃。奶奶把盛好的饭菜举过头顶，我两腿攀紧树桠，一个海底捞月把碗筷接上来。"觉呢，也在上头睡？"没错。四周是花香，是蜂鸣，春风拂面，是沾衣不染的海棠花雨。奶奶站在地上，站在屋前，老海棠树下，望着我；她必是羡慕，猜我在上头是什么感觉，都能看见什么？

　　但她只是望着我吗？她常独自呆愣，目光渐渐迷茫，渐渐空荒，透过老海棠树浓密的枝叶，不知所望。

　　春天，老海棠树摇动满树繁花，摇落一地雪似的花瓣。我

---

　　1　选自长篇随笔《记忆与印象》。

记得奶奶坐在树下糊纸袋,不时地冲我叨唠:"就不说下来帮帮我? 你那小手儿糊得多快!"我在树上东一句西一句地唱歌。奶奶又说:"我求过你吗? 这回活儿紧!"我说:"我爸我妈根本就不想让您糊那破玩意儿,是您自己非要这么累!"奶奶于是不再吭声,直起腰,喘口气,这当儿就又呆呆地张望——从粉白的花间,一直到无限的天空。

或者夏天,老海棠树枝繁叶茂,奶奶坐在树下的浓荫里,又不知从哪儿找来了补花的活儿,戴着老花镜,埋头于床单或被罩,一针一线地缝。天色暗下来时她冲我喊:"你就不能劳驾去洗洗菜? 没见我忙不过来吗?"我跳下树,洗菜,胡乱一洗了事。奶奶生气了:"你们上班上学,就是这么糊弄?"奶奶把手里的活儿推开,一边重新洗菜一边说:"我就一辈子得给你们做饭? 就不能有我自己的工作?"这回是我不再吭声。奶奶洗好菜,重新捡起针线,从老花镜上缘抬起目光,又会有一阵子愣愣地张望。

有年秋天,老海棠树照旧果实累累,落叶纷纷。早晨,天还昏暗,奶奶就起来去扫院子,"唰啦——唰啦——"院子里的人都还在梦中。那时我大些了,正在插队,从陕北回来看她。那时奶奶一个人在北京,爸和妈都去了干校。那时奶奶已经腰弯背驼。"唰啦唰啦"的声音把我惊醒,赶紧跑出去:"您歇着吧我来,保证用不了三分钟。"可这回奶奶不要我帮。"咳,你呀! 你还不懂吗? 我得劳动。"我说:"可谁能看得见?"奶奶说:"不能那样,人家看不看得见是人家的事,我得自觉。"她扫完了院子又去扫街。"我跟您一块儿扫行不?""不行。"

这样我才明白,曾经她为什么执意要糊纸袋,要补花,不让自己闲着。有爸和妈养活她,她不是为挣钱,她为的是劳动。她的成分随了爷爷算地主。虽然我那个地主爷爷三十几岁就一命归天,是奶奶自己带着三个儿子苦熬过几十年,但人家说什么?

人家说:"可你还是吃了那么多年的剥削饭!"这话让她无地自容。这话让她独自愁叹。这话让她几十年的苦熬忽然间变成屈辱。她要补偿这罪孽。她要用行动证明。证明什么呢?她想着她未必不能有一天自食其力。奶奶的心思我有点儿懂了:什么时候她才能像爸和妈那样,有一份名正言顺的工作呢?大概这就是她的张望吧,就是那老海棠树下屡屡的迷茫与空荒。不过,这张望或许还要更远大些——她说过:得跟上时代。

所以冬天,所有的冬天,在我的记忆里,几乎每一个冬天的晚上,奶奶都在灯下学习。窗外,风中,老海棠树枯干的枝条敲打着屋檐,摩擦着窗棂。奶奶曾经读一本《扫盲识字课本》,再后是一字一句地念报纸上的头版新闻。在《奶奶的星星》里我写过:她学《国歌》一课时,把"吼声"念成"孔声"。我写过我最不能原谅自己的一件事:奶奶举着一张报纸,小心地凑到我跟前:"这一段,你给我说说,到底什么意思?"我看也不看地就回答:"您学那玩意儿有用吗?您以为把那些东西看懂,您就真能摘掉什么帽子?"奶奶立刻不语,唯低头盯着那张报纸,半天半天目光都不移动。我的心一下子收紧,但知已无法弥补。"奶奶。""奶奶!""奶奶——"我记得她终于抬起头时,眼里竟全是惭愧,毫无对我的责备。

但在我的印象里,奶奶的目光慢慢地离开那张报纸,离开灯光,离开我,在窗上老海棠树的影子那儿停留一下,继续离开,离开一切声响甚至一切有形,飘进黑夜,飘过星光,飘向无可慰藉的迷茫与空荒……而在我的梦里,我的祈祷中,老海棠树也便随之轰然飘去,跟随着奶奶,陪伴着她,围拢着她;奶奶坐在满树的繁花中,满地的浓荫里,张望复张望,或不断地要我给她说说:"这一段到底是什么意思?"——这形象,逐年地定格成我的思念和我永生的痛悔。

【思考题】


（1）作者在《老海棠树》一文中表达了怎样的情感？

表达了作者对老海棠树的深厚感情，对奶奶的怀念、深深的爱和内疚之情。


（2）既然我很爱奶奶，为何当时会说出刺痛她的话语？

奶奶的娘家原本开了一个卖棉花、弹棉花的小店，史铁生的爷爷是大地主。爷爷在很年轻时因病去世，奶奶年轻守寡，一人将三个儿子拉扯大，没读过书的她，却一直都崇尚知识，生活再艰难，也咬牙让三个儿子都上了大学。奶奶除了因躲避阶级斗争，回到老家生活了一段时间之外，基本上都和史铁生住在一起。（参见《史铁生评传》）可以说奶奶是史铁生童年时候的启蒙老师、伙伴，给予史铁生无限的温情和慈爱。然而，当年奶奶的阶级成分问题让史铁生感到痛苦。"我看见奶奶坐在最后一排，两只手放在膝盖上，样子就像个小学生。""我忽然听清了讲台上那个人在讲的话：'你们过去都是地主，对，你们这些人曾经残酷地压迫和剥削劳动人民，在劳动人民的血汗和白骨上建筑起你们往日的天堂，过着寄生虫一样的生活……'"（《〈务虚笔记〉备忘》）年少的史铁生在听到这些话之后很受打击，那么勤劳、慈爱的奶奶居然是"万恶的地主"，奶奶的阶级成分也让他感到自卑，备受煎熬。年少的史铁生未能给予承受命运重压的奶奶以应有的安慰，甚至还说了刺痛奶奶内心的话，话已出口，伤痛就像钉子扎进木板一样，即使拔出来了，也留下深深的印记。

（3）关注文章倒数第二段："奶奶。""奶奶！""奶奶——"
从语气的角度分析"我"的心理变化过程。奶奶听了我的话之
后，有什么表现？你如何理解？

第一声陈述的语气，写出"我"意识到自己出语伤人，内
心忐忑不安；第二声感叹的语气，写出"我"急于想得到奶奶
的原谅；第三声是等待奶奶的回应，但奶奶却迟迟没有回应，
我无奈地低声哀求。"我记得她终于抬起头时，眼里竟全是惭
愧，毫无对我的责备。""终于"一词写出过了很长时间奶奶才
抬起头来，可见"我"的话深深刺痛了奶奶的心；"眼里竟全是
惭愧，毫无对我的责备"呈现出奶奶设身处地地站在家人、小
辈的角度考虑，为自己的出身不好而深感自责，她丝毫没有怨
怪"我"。

（4）作者以老海棠树为线索，以春夏秋冬四季为序展开回
忆，巧妙地将奶奶、老海棠树和"我"的故事连缀在一起，以蒙
太奇手法呈现奶奶在海棠树下的劳作，以及我和奶奶之间的故
事，表达了奶奶对我的关切和疼爱，还有我对奶奶深深的怀念
和痛悔。根据提示，补全表格信息。

| 对老海棠树的描写 | 奶奶在老海棠树下做的事 | "我"的表现 | 奶奶怎样张望 | 奶奶在张望什么 |
|---|---|---|---|---|
| 春天，老海棠树摇动满树繁花，摇落一地雪似的花瓣 | 糊纸袋 | "我"在树上唱歌，不给奶奶帮忙 | 呆呆地张望 | |
| 夏天，老海棠树枝繁叶茂 | | | | |

| 对老海棠树的描写 | 奶奶在老海棠树下做的事 | "我"的表现 | 奶奶怎样张望 | 奶奶在张望什么 |
|---|---|---|---|---|
| 秋天,老海棠树照旧果实累累,落叶纷纷 | | | | |
| 窗外,风中,老海棠树枯干的枝条敲打着屋檐,摩擦着窗棂 | | | 张望复张望 | |

参考答案

| 对老海棠树的描写 | 奶奶在老海棠树下做的事 | "我"的表现 | 奶奶怎样张望 | 奶奶在张望什么 |
|---|---|---|---|---|
| 春天,老海棠树摇动满树繁花,摇落一地雪似的花瓣 | 糊纸袋 | 在树上唱歌,不给奶奶帮忙 | 呆呆地张望 | 验证自己也有丰衣足食的能力,从而摆脱吃剥削饭的无地自容 |
| 夏天,老海棠树枝繁叶茂 | 补花、洗菜 | 胡乱一洗了事 | 愣愣地张望 | 有自己的工作 |
| 秋天,老海棠树照旧果实累累,落叶纷纷 | 扫院子 | 主动提出要帮助奶奶 | 迷茫地张望 | 不是为挣钱,她为的是劳动和跟上时代 |
| 窗外,风中,老海棠树枯干的枝条敲打着屋檐,摩擦着窗棂 | 学习 | 说了刺痛奶奶内心的话 | 张望复张望 | 有知识有文化,多为祖国贡献力量,对未来有美好的期望和憧憬 |

（5）这篇文章构思巧妙，以物为线索贯穿全文，借物抒情，将对奶奶深深的怀念和愧疚之情都寄托在老海棠树之中。读完这篇文章，是否也唤醒了你的记忆，你是否想起了你的亲人、老师或朋友？请选择一种物来抒写对于他/她的情感。

学生习作：

# 土汉堡与星星的故事

于润熙

高烧到40度，像掉到冰窟里一般冷得发抖的我，被外婆搂在怀里，虽然浑身关节还是很痛，心里却踏实平静了。

外婆一向很疼爱我，经常换着花样给我做好吃的。知道我喜欢吃汉堡，但是外面的快餐激素太多了，她常常为我煎肉饼，做夹着菜的自制面包——她叫它"土汉堡"。

然而，身体一向健康，血糖、血脂、血压均不高，体力也好的外婆突然病了，被诊断为肺癌晚期，那年我5岁。外婆原本是去看腿疼，却接到这样的诊断，感觉像是一闷棍打在头上，我们都懵了。医生说只剩不到半年的预期寿命，我的心被戳了一个洞——我以为癌症等严重的疾病离我们很远，我从来没想过我亲爱的外婆——一个一生清白、善良待人的人，竟然会得这种病。这对我们家是灭顶之灾。爸爸妈妈积极为外婆寻找治疗方案和药物，得知合适的靶向药物每个月大约要5.3万元的时候，妈妈哭了，因为一个普普通通的家庭付不起这样的巨额医药费用。我那时候还不懂事，不知道癌症是绝症，其实，我当时连死亡是什么都不确定。

外婆很幸运，这样形容一个癌症晚期的病人也许有些荒诞，但是她确实很幸运地进入了靶向药物实验组，有非常敬业的医生为她用心治疗，她迅速恢复了体力和精神。接下来的几年,除了每个月都要去抽血、做CT和每天都要吃药,她的生活质量很高,看不出生病的样子,仿佛从前安稳的时光又回来了。

然而,治疗到第五年的时候,耐药性还是发生了,外婆的身体状况急剧下滑。那时的我,什么都帮不了,只能眼睁睁地看着外婆越来越吃力,越来越痛,痛到连止痛药都难以缓解,血氧慢慢地降低,各种指标头也不回地渐渐恶化。外婆最终还是离开了我们。

这段伤痛的经历,让我懂得生命和健康赋予了人们生活和感受欢乐的可能性,我也目睹了医务工作者夜以继日地挽救无数人的生命的伟大,我非常敬佩他们,所以从小学起,我就有了成为他们中的一员的梦想。

为了达成这个梦想,我在小学时创立了"细胞队"社团。我们社团每周组织分享一两次生物医学知识,主要是免疫系统相关知识。我和小伙伴们讨论B细胞、T细胞、巨噬细胞等,在梦境里,我还看到了免疫细胞与病毒像战士一样两军对战,最后病毒被统统消灭的场景。

现在,我上初中。在功课之余,我会从万维网上下载一些随机的心电图以学习关于高级心肺生命支持的知识,我也会与志同道合的同学们交流分享一些比较难懂的图解等。最近,我又开始研究一些关于血氧和动态血压之间的联系的分析报告。我希望自己能在这一条路上走得长远,并完成一些有意义的项目。

《狮子王》里木法沙对小辛巴说:亲人并没有远离,他们化作了星星,在天上守护着、指引着我们。

我相信一生善良的外婆在天上已得平安喜乐,仍在守护着我和家人,看我为实现梦想而努力,她的神情一定比看我吃"土汉堡"的时候更骄傲。

**教师点评：**

写文章其实并不难，真情流淌过的地方，荒原也会开出鲜花。小于同学的文章是有感而发的，不矫揉造作，真正做到了"我手写我心"。《土汉堡与星星的故事》中夹着肉饼和菜的自制面包——"土汉堡"是外婆对"我"的爱的真实流露。外婆生病时全家人的担心、奔忙以及伤痛，在文中真实地呈现出来。因为有爱所以才有了梦想。在这篇文章中爱与梦想紧密联系在一起。

# 奶奶的星星（节选）

　　世界给我的第一个记忆是：我躺在奶奶怀里，拼命地哭，打着挺儿，也不知道是为了什么，哭得好伤心。窗外的山墙上剥落了一块灰皮，形状像个难看的老头儿。奶奶搂着我，拍着我，"噢——噢——"地哼着。我倒更觉得委屈起来。"你听！"奶奶忽然说，"你快听，听见了吗……"我愣愣地听，不哭了，听见了一种美妙的声音，飘飘的、缓缓的……是鸽哨儿？是秋风？是落叶滑过屋檐？或者，只是奶奶在轻轻地哼唱？直到现在我还是说不清。"噢噢——睡觉吧，麻猴儿来了我打它……"那是奶奶的催眠曲。屋顶上有一片晃动的光影，是水盆里的水反射的阳光。光影也那么飘飘的、缓缓的，变幻成和平的梦境，我在奶奶怀里安稳地睡熟……

　　我是奶奶带大的。不知有多少人当着我的面对奶奶说过："奶奶带起来的，长大了也忘不了奶奶。"那时候我懂些事了，趴在奶奶膝头，用小眼睛瞪那些说话的人，心想：瞧你那讨厌样儿吧！翻译成孩子还不能掌握的语言就是：这话用你说吗？

　　奶奶愈紧地把我搂在怀里，笑笑："等不到那会儿哟！"仿佛已经满足了的样子。

　　"等不到哪会儿呀？"我问。

　　"等不到你孝敬奶奶一把铁蚕豆。"

　　我笑个没完。我知道她不是真那么想。不过我总想不

107

好,等我挣了钱给她买什么。爸爸、大伯、叔叔给她买什么,她都是说:"用不着花那么多钱买这个。"奶奶最喜欢的是我给她踩腰、踩背。一到晚上,她常常腰疼、背疼,就叫我站到她身上去,来来回回地踩。她趴在床上"哎哟哎哟"的,还一个劲儿夸我:"小脚丫踩上去,软软乎乎的,真好受。"我可是最不耐烦干这个,她的腰和背可真是够漫长的。"行了吧?"我问。"再踩两趟。"我大跨步地打了个来回:"行了吧?""唉,行了。"我赶快下地,穿鞋,逃跑⋯⋯

于是我说:"长大了我还给您踩腰。"

"哟,那还不把我踩死?"

过了一会儿我又问:"您干吗等不到那会儿呀?"

"老了,还不死?"

"死了就怎么了?"

"那你就再也找不着奶奶了。"

我不嚷了,也不问了,老老实实依偎在奶奶怀里。那又是世界给我的第一个可怕的印象。

一个冬天的下午,一觉醒来,不见了奶奶。我扒着窗台喊她,窗外是风和雪。"奶奶出门儿了,去看姨奶奶。"我不信,奶奶去姨奶奶家总是带着我的。我整整哭喊了一个下午,妈妈、爸爸、邻居们谁也哄不住,直到晚上奶奶出我意料地回来。这事大概没人记得住了,也没人知道我那时想到了什么。小时候,奶奶吓唬我的最好办法,就是说:"再不听话,奶奶就死了!"

夏夜,满天星斗。奶奶讲的故事与众不同,她不是说地上死一个人,天上就熄灭了一颗星星,而是说,地上死一个人,天上就又多了一颗星星。

"怎么呢?"

"人死了,就变成一颗星星。"

"干吗变成星星呀?"

"给走夜道儿的人照个亮儿……"

我们坐在庭院里,草茉莉都开了,各种颜色的小喇叭,掐一朵放在嘴上吹,有时候能吹响。奶奶用大芭蕉扇给我轰蚊子。凉凉的风,蓝蓝的天,闪闪的星星,永远留在我的记忆里。

那时候我还不懂得问,是不是每个人死了都可以变成星星,都能给活着的人把路照亮。

奶奶已经死了好多年。她带大的孙子忘不了她。尽管我现在想起她讲的故事,知道那是神话,但到夏天的晚上,我却时常还像孩子那样,仰着脸,揣摸哪一颗星星是奶奶的……我慢慢去想奶奶讲的那个神话,我慢慢相信,每一个活过的人,都能给后人的路途上添些光亮,也许是一颗巨星,也许是一把火炬,也许只是一支含泪的烛光……

1983 年 11 月 11 日

【思考题】


（1）夏夜，奶奶讲的故事怎样与众不同？从中可以看出奶奶怎样的形象？

她不是说地上死一个人，天上就熄灭了一颗星星，而是说，地上死一个人，天上就又多了一颗星星。她认为人死了应该变成星星照亮夜行人的道路。这些都体现了奶奶的淳朴、善良和乐于奉献的精神。


（2）文章以"奶奶的星星"为题，有何深刻含义？

奶奶和"我"说人死了之后会变成星星，给走夜道儿的人照个亮儿。文章以"奶奶的星星"为题，暗示了奶奶离世，更能表现"我"对奶奶的怀念之情；同时暗示文章主旨，奶奶对后人的奉献，她指引后人前行，标题新颖独特，吸引读者的阅读兴趣。


（3）《奶奶的星星》寄情于物，感人至深，你是否也想到了自己的至亲？你能借鉴史铁生"寄情于物""借物抒情"的写作方法写一篇文章吗？

学生作文：

## 物微情浓

汪子钦


突来的疫情，打乱了正常生活。这天，外面下着大雨，我呆呆地望着窗外，看见一个装鸡蛋的菜篮子在我家雨棚底下挂着，被风吹得飘来摇去的。即便如此，它还是紧紧在挂钩上挂着，没有掉落，就如同妈妈手中的线永远牵着游子的心。

这个菜篮子是爸爸拿回家的，它原先是奶奶拿来装鸡蛋的，那时候奶奶还在浙江老家。记得那天早晨，我还在吃早饭，奶奶的电话就急促地打来了。"小晖（爸爸小名）啊，鸡蛋、鸭蛋今天早上给你寄来了，是托车站的熟人从长途客车上带过来的。还给你带了你喜欢吃的豆腐干，给安安（我的小名）买了套过生日的衣服，我没机会过来，东西和鸡蛋一起寄过来了，中午你到车站去拿。"

"我不是和你说了嘛，不要这么麻烦的，你要到乡下去买，还要一大早到车站来寄，太辛苦了。"

"没事，你们大城市里吃的东西可没有我们小地方环保啊。记得每天要给安安煮个蛋吃，增加营养。"

"知道了，我要上班了，先挂了。"其实，离上班还有一段时间，我看见爸爸的眼泪在眼眶里打转，我也想念奶奶。

我能想象出，奶奶娇小的身躯为了护好那筐鸡蛋，在拥挤的公交车内被人推来搡去；能感受到她腿脚不便，上下车的难过；能看见托人帮忙，她脸上那种谦卑的笑容。

奶奶是一位再普通不过的退休工人，在一个普通的岗位上兢兢业业地干了几十年。几年前，她的膝盖还有胆囊都做了手术，随着岁月的流逝，这些老毛病慢慢地又在她身上显现。加上年岁的增加和家庭的变故，原本显得年轻的奶奶，白发早已爬上头，眼袋也慢慢地下垂了。

人真是很奇怪的东西，当我与奶奶在一起的时候，总觉得她说话唠叨、烦琐，不愿听，而远离的时候，却在心底最柔软处给奶奶留了一份思念。她是我艰难困苦时光里的一缕阳光，是我委屈难过时的一点支持，更是我一次次跌倒后再爬起来的不竭勇气。

就这样，爸爸去车站拿回了鸡蛋。那些鸡蛋在菜篮子里整整齐齐地码着，好像一个个列队出征的将士，一看就是被奶奶细心地安放。给我的衣服也叠得整整齐齐，一切都散发着小时候在奶奶家的味道。打开菜篮子上盖的布，奶奶在两层鸡蛋之间还留了张字条："上面这些鸡蛋不是土鸡蛋，下面是从农村收来的土鸡蛋，留给安安吃。"我知道那些鸡蛋奶奶肯定不舍得吃一个。

如今，奶奶搬来住在我们家隔壁，那个菜篮子虽然掉了颜色，但爸爸始终把它挂在家里。不论风雨多大，它始终和我们在一起。

**教师点评：**

这篇文章审题很准确，这个物——鸡蛋，足够微小，也寻常可见，学生用朴实无华的语言将关于鸡蛋的故事娓娓道来，鸡蛋虽小，承载的情感却是很浓重的。奶奶将舍不得吃的土鸡蛋一个个地攒着，打包好小心翼翼地护着，这些都是寻常百姓寻常事，却表现出浓浓爱意、浓浓情。

# 第4课

## 人生的目的应是追求幸福

目的虽是虚设的，可非得有不行，不然琴弦怎么拉紧？拉不紧就弹不响。

著名的航海家托马斯·库克率领船队到大西洋中央时，看到一批庞大的鸟群久久盘旋在浩瀚无垠的海面上，不断发出震耳欲聋的鸣叫。更令人惊讶的是，许多鸟在耗尽了全部体力后，义无反顾地投入茫茫大海，海面上不断激起阵阵水花。

　　原来，海鸟们葬身的地方以前曾经是个小岛。对于来自世界各地的海鸟们来说，这个小岛是它们迁徙途中的一个落脚点，是浩瀚大海中不可缺少的"彼岸"。然而，在一次地震中，小岛沉入大海，永远地消失了。海鸟们不知道寄予希望的"彼岸"没有了，仍然朝着"彼岸"进发，历经千里迢迢，长途跋涉，渴望在此落脚栖息。终于抵达的时候，发现已无"彼岸"，可海鸟磁场定位的仍是原先的地方，它们只能在茫无涯际的大海上空盘旋、鸣叫，耗尽最后一丝气力。彻底绝望的海鸟只能将自己的身躯投入汪洋大海中。

　　"彼岸"是海鸟在茫茫大海上空飞翔的动力，海鸟坚定、执着地跨越山海奔向"彼岸"，才看清原先的"彼岸"成了虚妄。

　　这个故事令我想起史铁生的《命若琴弦》，老瞎子和小瞎子为了复明，执拗地遵循老瞎子的师父的话，用积攒的断弦做药引，只为获得片刻光明。为了这个念想，老瞎子50多年来奔奔忙忙，翻山赶路、弹琴说书。念想（目标）有其积极的意义，可以说正是因为有了这个念想，老瞎子才有了活下去的动力。然而，当高度关注目标而不顾及其他的时候，就会产生很大的盲区。

　　很多《命若琴弦》的评论文章认为老瞎子最终领悟了他师父的话："记住，人的命就像这琴弦，拉紧了才能弹好，弹好了就够了。"其实我觉得老瞎子并未真正领悟全部，他只领悟了"人的命就像这琴弦,拉紧了才能弹",即目的虽是虚设的,可非得有,只有心中有念想的支撑,才能度过难熬的岁月。而师父的话的关键是"弹好"而不是"弹完"。师父说"弹好了就够了",而老瞎子理解的是"弹完了就够了"。在50多年的岁月里,复明是老瞎子唯一的期盼,弹琴是老瞎子唯一的重心,断弦是老瞎子唯一的欣喜。老瞎子常年翻山赶路、弹琴说书,给寂寞的山村带来了欢乐,给村民带来了精神的慰藉。可他自己没有在翻山赶路中认真聆听鸟鸣啁啾,没有在休憩时仔细感受微风拂面,没有在弹奏的时候享受音乐的律动,更没有享受这个过程的美好和精彩。直到希望破灭,濒临绝望时,他才恍然怀恋起过去的日子,而此时的他已七十岁,所剩时日无多。

显然"弹好就够了"的"弹好",意味着过程的丰盈,是在人生路上且行且歌,享受阳光、清泉、微风、鸟鸣等大自然的形形色色,享受艺术、旅行、听书、说书等精神上的补给。身体与心灵在长途跋涉后即使到不了预期的"彼岸",也定是过了丰盈、饱满的一生。

在《命若琴弦》中,"奔奔忙忙"出现了2次,"匆匆忙忙"也出现了2次,且开头和结尾形成呼应,营造一种循环往复之感。表面上意味着一代又一代的盲眼艺人就这样在一个虚幻的目标的激励下,走向生命的终点。深层上意味着所有人都是残缺的,所有人都有他的局限,所以在"莽莽苍苍的群山之中""匆匆忙忙"奔走的不仅仅是盲眼艺人,还有芸芸众生。

史铁生在访谈中说过:《命若琴弦》我是写人的残疾了,所有人都有的这种局限,主要写的不是瞎的问题,而是所有人都可能有的问题,过程和目的的问题,看得见和看不见的问题,可能更多写到人的局限、困境,强调的不是躯体的残疾。"(《史铁生访谈录》)

《庄子·山木》中那个被后世演化出"螳螂捕蝉，黄雀在后"的故事里写道："睹一蝉，方得美荫而忘其身。螳螂执翳而搏之，见得而忘其形。异鹊从而利之，见利而忘其真。"很多书上都说这个故事提醒人们不要只顾眼前利益而不考虑后果。其实，除此之外，我们还能发现，这里的蝉、螳螂、黄雀眼里只有目标，忽略了其他，有所局限。庄子在《庄子·秋水》中写河伯顺着水流来到北海边，看到大海茫茫无际的时候，自惭形秽。北海若开导他：井中之蛙，无法让它理解大海，是因为井口局限了它的眼界；夏天的虫子，无法让它理解冰雪，因为它被生存的时令所限制；孤陋寡闻的人，不可与他谈论道理，他的眼界被所受的教育束缚。史铁生的作品或多或少受到庄子思想的影响，他意识到所有人都有所限制，人应该突破自身的限制，不断完善，以实现精神上的自由。

老瞎子的局限不仅是身体上的，还有认知上的。身体上的局限让他感情受挫，也让他对光明汲汲以求，以致过分执着于复明的目的而忽略过程。他为了未来的一个目标，会牺牲、忽略过程中对幸福的感知。当他弹断了一千根琴弦时，激动万分，把师父留下的药方从琴槽中取出来，拿去抓药，谁料药房伙计告诉他，他的精神支柱竟是一张无字白纸。老瞎子得知他一辈子的念想原是虚无的时候，几近崩溃，他觉得心弦断了，身体像被抽空了一样，直到他想到自己为情所困的徒弟，才慢慢振作起来。老瞎子自身认知的局限，使他不知一切意义都寓于过程中。

一位中学生苗苗问史铁生："铁生叔叔，我看您在《命若琴弦》里写了两个瞎子，他们以为弹断很多很多（根）琴弦之后就能看见光明了。虽然这是别人骗他们的，但就是为了这个信念，他们才活得挺好的。您说，人活着是不是都得有一个信念呢？您的信念是什么呢？"史铁生笑着说："往简单了说吧，能使大家都活得很好，很快乐，这就是一种理想，一种信念。人是不能没有理想、没有信念的。有理想才能有追求，有追求，才能有真正的幸福，真正的快乐。"(《两个傻子的"好运设计"》)

可见史铁生是站在更高的认知角度来看老瞎子的，他对老瞎子的态度是悲悯的。史铁生认可信念的重要性，有了信念才有方向和动力；而老瞎子设定的目的是虚妄的，注定了无法实现。老瞎子因自身眼界、认知和所受教育的束缚，无法参透师父遗言中的"弹好"二字，而一直在追求"弹断一千根弦"的结果。老瞎子只告诉小瞎子得弹断一千二百根琴弦，于是领着小瞎子继续匆匆忙忙地走，一根根地弹断。可想而知，小瞎子也将继续重复老瞎子的命运，眼盲艺人的命运周而复始。

然而，受限于自身认知的岂止是老瞎子？生活中的很多人像极了老瞎子，他们为了自己或者他人设置的某些目标——好成绩、好工作、丰厚的薪水而忽略了过程中的快乐。他们错把实现目标后的轻松、解脱误认为是幸福，因此马不停蹄地奔向目标。即使最终成功了，还会设置新的目标，他们认为幸福在未来，而非当下，因此一生陷入忙碌奔波的泥潭。

文中的眼盲艺人能否挣脱命运的禁锢？可以。正如史铁生、张海迪、海伦·凯勒等作家，他们也身体残疾，但活出了自我的精彩。他们先认命，再改命，他们放下执念，转而追求精神上的超越。他们既明白目的重要，也不忽略过程的风景。最重要的是他们设置的目的更高远，总的来说都是为了幸福，为了自身的幸福，为了人类的幸福而努力。亚里士多德认为，幸福是生命本身的意图和意义，是人类存在的目标和终点。他们是《哈佛幸福课》中说的"永久幸福型"的人，眼前的快乐和未来的幸福是可以同时拥有的，要专注和享受当下所从事的事情，并获得快乐、幸福。这里的"永久"并不是企图永远幸福,而代表着一种心态,即使面对生活的不幸,也能乐观、坦然面对。"永久幸福型"是"享乐主义型"和"忙碌奔波型"的有效结合:不是一味地享乐,而是珍惜当下的幸福快乐;不是一味地直奔目标,而是有着平衡目标和过程的意识及能力。

# 命若琴弦

　　莽莽苍苍的群山之中走着两个瞎子，一老一少，一前一后。两顶发了黑的草帽起伏攒动，匆匆忙忙，像是随着一条不安静的河水在漂流。无所谓从哪儿来，也无所谓到哪儿去，每人带一把三弦琴，说书为生。

　　方圆几百上千里的这片大山中，层峦叠嶂，沟壑纵横，人烟稀疏，走一天才能见一片开阔地，有几个村落。荒草丛中随时会飞起一对山鸡，跳出一只野兔、狐狸或者其他小野兽。山谷中常有鹞鹰盘旋。

　　寂静的群山没有一点阴影，太阳正热得凶。

　　"把三弦子抓在手里。"老瞎子喊，在山间震起回声。

　　"抓在手里呢。"小瞎子回答。

　　"操心身上的汗把三弦子弄湿了。弄湿了晚上弹你的肋条？"

　　"抓在手里呢。"

　　老少二人都赤着上身，各自拎了一条木棍探路，缠在腰间的粗布小褂已经被汗水洇湿了一大片。蹚起来的黄土干得呛人。这正是说书的旺季。天长，村子里的人吃罢晚饭都不待在家里；有的人晚饭也不在家里吃，捧上碗到路边去，或者到场院里。老瞎子想赶着多说书，整个热季领着小瞎子一个村子一个村子紧走，一晚上一晚上紧说。老瞎子一天比一天紧张、激动，心里算定：弹断一千根琴弦的日子就在这个夏天了，说不定就在前面的野羊坳。

暴躁了一整天的太阳这会儿正平静下来,光线开始变得深沉。远远近近的蝉鸣也舒缓了许多。

"小子! 你不能走快点儿吗?"老瞎子在前面喊,不回头也不放慢脚步。

小瞎子紧跑几步,吊在屁股上的一只大挎包丁零哐啷地响,离老瞎子仍有几丈远。

"野鸽子都往窝里飞啦。"

"什么?"小瞎子又紧走几步。

"我说野鸽子都回窝了,你还不快走!"

"噢。"

"你又鼓捣我那电匣子呢。"

"噫——鬼动来。"

"那耳机子快让你鼓捣坏了。"

"鬼动来!"

老瞎子暗笑:你小子才活了几天? "蚂蚁打架我也听得着。"老瞎子说。

小瞎子不争辩了,悄悄把耳机子塞到挎包里去,跟在师父身后闷闷地走路。无尽无休的无聊的路。

走了一阵子,小瞎子听见有只獾在地里啃庄稼,就使劲学狗叫,那只獾连滚带爬地逃走了,他觉得有点儿开心,轻声哼了几句小调儿,哥哥呀妹妹的。师父不让他养狗,怕受村子里的狗欺负,也怕欺负了别人家的狗,误了生意。又走了一会儿,小瞎子又听见不远处有条蛇在游动,弯腰摸了块石头砍过去,"哗啦啦"一阵高粱叶子响。老瞎子有点儿可怜他了,停下来等他。

"除了獾就是蛇。"小瞎子赶忙说,担心师父骂他。

"有了庄稼地了,不远了。"老瞎子把一个水壶递给徒弟。

"干咱们这营生的,一辈子就是走。"老瞎子又说,"累不?"

小瞎子不回答,知道师父最讨厌他说累。

"我师父才冤呢。就是你师爷,才冤呢,东奔西走一辈子,到了没弹够一千根琴弦。"

小瞎子听出师父这会儿心绪好,就问:"师父,什么是绿色的长乙(椅)?"

"什么?噢,八成是一把椅子吧。"

"曲折的油狼(游廊)呢?"

"油狼?什么油狼?"

"曲折的油狼。"

"不知道。"

"匣子里说的。"

"你就爱瞎听那些玩意儿。听那些玩意儿有什么用?天底下的好东西多啦,跟咱们有什么关系?"

"我就没听您说过,什么跟咱们有关系。"小瞎子把"有"字说得重。

"琴!三弦子!你爹让你跟了我来,是为让你弹好三弦子,学会说书。"

小瞎子故意把水喝得咕噜噜响。

再上路时小瞎子走在前头。

大山的阴影在沟谷里铺开来。地势也渐渐地平缓,开阔。

接近村子的时候,老瞎子喊住小瞎子,在背阴的山脚下找到一个小泉眼。细细的泉水从石缝里往外冒,淌下来,积成脸盆大的小洼,周围的野草长得茂盛,水流出去几十米便被干渴的土地吸干。

"过来洗洗吧,洗洗你那身臭汗味儿。"

小瞎子拨开野草在水洼边蹲下,心里还在猜想着"曲折的

121

油狼"。

"把浑身都洗洗。你那样儿准像个小叫花子。"

"那您不就是个老叫花子了?"小瞎子把手按在水里,嘻嘻地笑。

老瞎子也笑,双手捧起水往脸上泼:"可咱们不是叫花子,咱们有手艺。"

"这地方咱们好像来过。"小瞎子侧耳听着四周的动静。

"可你的心思总不在学艺上。你这小子心太野。老人的话你从来不着耳朵听。"

"咱们准是来过这儿。"

"别打岔!你那三弦子弹得还差着远呢。咱这命就在这几根琴弦上,我师父当年就这么跟我说。"

泉水清凉凉的。小瞎子又哥哥呀妹妹地哼起来。

老瞎子挺来气:"我说什么你听见了吗?"

"咱这命就在这几根琴弦上,您师父我师爷说的。我都听过八百遍了。您师父还给您留下一张药方,您得弹断一千根琴弦才能去抓那服药,吃了药您就能看见东西了。我听您说过一千遍了。"

"你不信?"

小瞎子不正面回答,说:"干吗非得弹断一千根琴弦才能去抓那服药呢?"

"那是药引子。机灵鬼儿,吃药得有药引子!"

"一千根断了的琴弦还不好弄?"小瞎子忍不住哧哧地笑。

"笑什么笑!你以为你懂得多少事?得真正是一根一根弹断了的才成。"

小瞎子不敢吱声了,听出师父又要动气。每回都是这样,师父容不得对这件事有怀疑。

老瞎子也没再作声，显得有些激动，双手搭在膝盖上，两颗骨头一样的眼珠对着苍天，像是一根一根地回忆着那些弹断的琴弦。盼了多少年了呀，老瞎子想，盼了五十年了！五十年中翻了多少架山，走了多少里路哇，挨了多少回晒，挨了多少回冻，心里受了多少委屈呀。一晚上一晚上地弹，心里总记着，得真正是一根一根尽心尽力地弹断的才成。现在快盼到了，绝出不了这个夏天了。老瞎子知道自己又没什么能要命的病，活过这个夏天一点儿不成问题。"我比我师父可运气多了，"他说，"我师父到了儿没能睁开眼睛看一回。"

　　"咳！我知道这地方是哪儿了！"小瞎子忽然喊起来。

　　老瞎子这才动了动，抓起自己的琴来摇了摇，叠好的纸片碰在蛇皮上发出细微的响声，那张药方就在琴槽里。

　　"师父，这儿不是野羊岭吗？"小瞎子问。

　　老瞎子没搭理他，听出这小子又不安稳了。

　　"前头就是野羊坳，是不是，师父？"

　　"小子，过来给我擦擦背。"老瞎子说，把弓一样的脊背弯给他。

　　"是不是野羊坳，师父？"

　　"是！干什么？你别又闹猫似的。"

　　小瞎子的心扑通扑通跳，老老实实地给师父擦背。老瞎子觉出他擦得很有劲。

　　"野羊坳怎么了？你别又叫驴似的会闻味儿。"

　　小瞎子心虚，不吭声，不让自己显出兴奋。

　　"又想什么呢？别当我不知道你那点儿心思。"

　　"又怎么了，我？"

　　"怎么了你？上回你在这儿疯得不够？那妮子是什么好货！"老瞎子心想，也许不该再带他到野羊坳来。可是野羊坳是

123

个大村子，年年在这儿生意都好，能说上半个多月。老瞎子恨不能立刻弹断最后几根琴弦。

小瞎子嘴上嘟嘟囔囔的，心却飘飘的，想着野羊坳里那个尖声细气的小妮子。

"听我一句话，不害你。"老瞎子说，"那号事靠不住。"

"什么事？"

"少跟我贫嘴。你明白我说的什么事。"

"我就没听您说过，什么事靠得住。"小瞎子又偷偷地笑。

老瞎子没理他，骨头一样的眼珠又对着苍天。那儿，太阳正变成一汪血。

两面脊背和山是一样的黄褐色。一座已经老了，嶙峋瘦骨像是山根下裸露的基石。另一座正年轻。老瞎子七十岁，小瞎子才十七。

小瞎子十四岁上父亲把他送到老瞎子这儿来，为的是让他学说书，这辈子好有个本事，将来可以独自在世上活下去。

老瞎子说书已经说了五十多年。这一片偏僻荒凉的大山里的人们都知道他：头发一天天变白，背一天天变驼，年年月月背一把三弦琴满世界走，逢上有愿意出钱的地方就拨动琴弦唱一晚上，给寂寞的山村带来欢乐。开头常是这么几句："自从盘古分天地，三皇五帝到如今，有道君王安天下，无道君王害黎民。轻轻弹响三弦琴，慢慢稍停把歌论，歌有三千七百本，不知哪本动人心。"于是听书的众人喊起来，老的要听董永卖身葬父，小的要听武二郎夜走蜈蚣岭，女人们想听秦香莲。这是老瞎子最知足的一刻，身上的疲劳和心里的孤寂全忘却，不慌不忙地喝几口水，待众人的吵嚷声鼎沸，便把琴弦一阵紧拨，唱道："今日不把别人唱，单表公子小罗成。"或者："茶也喝来烟也吸，唱一回哭倒长城的孟姜女。"满场立刻鸦雀无声，老瞎子也全心沉到自己所说的书中去。

他会的老书数不尽。他还有一个电匣子，据说是花了大价钱从一个山外人手里买来，为的是学些新词儿，编些新曲儿。其实山里人倒不太在乎他说什么唱什么。人人都称赞他那三弦子弹得讲究，轻轻漫漫的，飘飘洒洒的，疯疯狂放的，那里头有天上的日月，有地上的生灵。老瞎子的嗓子能学出世上所有的声音，男人、女人，刮风下雨，兽啼禽鸣。不知道他脑子里能呈现出什么景象，他一落生就瞎了眼睛，从没见过这个世界。

小瞎子可以算见过世界，但只有三年，那时还不懂事。他对说书和弹琴并无多少兴趣，父亲把他送来的时候费尽了唇舌，好说歹说连哄带骗，最后不如说是那个电匣子把他留住。他抱着电匣子听得入神，甚至没发觉父亲什么时候离去。

这只神奇的匣子永远令他着迷，遥远的地方和稀奇古怪的事物使他幻想不绝，凭着三年朦胧的记忆，补充着万物的色彩和形象。譬如海，匣子里说蓝天就像大海，他记得蓝天，于是想象出海；匣子里说海是无边无际的水，他记得锅里的水，于是想象出满天排开的水锅。再譬如漂亮的姑娘，匣子里说就像盛开的花朵，他实在不相信会是那样。母亲的灵柩被抬到远山上去的时候，路上正开遍着野花，他永远记得却永远不愿意去想。但他愿意想姑娘，越来越愿意想，尤其是野羊坳的那个尖声细气的小妮子，总让他心里荡起波澜。直到有一回匣子里唱道"姑娘的眼睛就像太阳"，这下他才找到了一个贴切的形象，想起母亲在红透的夕阳中向他走来的样子。其实人人都是根据自己的所知猜测着无穷的未知，以自己的感情勾画出世界。每个人的世界就都不同。

也总有一些东西小瞎子无从想象，譬如"曲折的油狼"。

这天晚上，小瞎子跟着师父在野羊坳说书，又听见那小妮子站在离他不远处尖声细气地说笑。书正说到紧要处——"罗成回马再交战,大胆苏烈又兴兵。苏烈大刀如流水,罗成长枪似腾云,好似海中龙吊宝,犹如深山虎争林。又战七日并七夜,罗成清茶无点唇……"老瞎子把琴弹得如雨骤风疾,字字句句唱得铿锵。小瞎子却心猿意马,手底下早乱了套数……

野羊岭上有一座小庙,离野羊坳村二里地,师徒二人就在这里住下。石头砌的院墙已经残断不全,几间小殿堂也歪斜欲倾百孔千疮,唯正中一间尚可遮蔽风雨,大约是因为这一间中毕竟还供奉着神灵。三尊泥像早脱尽了尘世的彩饰,还一身黄土本色返璞归真了,认不出是佛是道。院里院外、房顶墙头都长满荒藤野草,蓊蓊郁郁倒有生气。老瞎子每回到野羊坳说书都住这儿,不出房钱又不惹是非。小瞎子是第二次住在这儿。

散了书已经不早,老瞎子在正殿里安顿行李,小瞎子在侧殿的檐下生火烧水。去年砌下的灶稍加修整就可以用。小瞎子撅着屁股吹火,柴草不干,呛得他满院里转着圈咳嗽。

老瞎子在正殿里数叨他:"我看你能干好什么。"

"柴湿嘛。"

"我没说这事。我说的是你的琴,今儿晚上的琴你弹成了什么?"

小瞎子不敢接这话茬儿,吸足了几口气又跪到灶火前去,鼓着腮帮子一通儿猛吹。"你要是不想干这行,就趁早给你爹捎信把你领回去。老这么闹猫闹狗的可不行,要闹回家闹去。"

小瞎子咳嗽着从灶火边跳开,几步蹿到院子另一头,呼哧呼哧大喘气,嘴里一边骂。

"说什么呢?"

"我骂这火。"

"有你那么吹火的？"

"那怎么吹？"

"怎么吹？哼，"老瞎子顿了顿，又说，"你就当这灶火是那妮子的脸！"

小瞎子又不敢搭腔了，跪到灶火前去再吹，心想：真的，不知道兰秀儿的脸什么样。那个尖声细气的小妮子叫兰秀儿。

"那要是妮子的脸，我看你不用教也会吹。"老瞎子说。

小瞎子笑起来，越笑越咳嗽。

"笑什么笑！"

"您吹过妮子脸？"

老瞎子一时语塞。小瞎子笑得坐在地上。"日他妈。"老瞎子骂道，笑笑，然后变了脸色，再不言语。

灶膛里腾的一声，火旺起来。小瞎子再去添柴，一心想着兰秀儿。才散了书的那会儿，兰秀儿挤到他跟前来小声说："哎，上回你答应我什么来？"师父就在旁边，他没敢吭声。人群挤来挤去，一会儿又把兰秀儿挤到他身边。"噫，上回吃了人家的煮鸡蛋倒白吃了？"兰秀儿说，声音比上回大。这时候师父正忙着跟几个老汉拉话，他赶紧说："嘘！——我记着呢。"兰秀儿又把声音压低："你答应给我听电匣子你还没给我听。""嘘！——我记着呢。"幸亏那会儿人声嘈杂。

正殿里好半天没有动静。之后，琴声响了，老瞎子又上好了一根新弦。他本来应该高兴的，来野羊坳头一晚上就又弹断了一根琴弦。可是那琴声却低沉、零乱。

小瞎子渐渐听出琴声不对，在院里喊："水开了，师父。"

没有回答。琴声一阵紧似一阵了。

小瞎子端了一盆热水进来，放在师父跟前，故意嘻嘻笑着说："您今儿晚还想弹断一根是怎么着？"

老瞎子没听见,这会儿他自己的往事都在心中,琴声烦躁不安,像是年年旷野里的风雨,像是日夜山谷中的溪流,像是奔奔忙忙不知所归的脚步声。小瞎子有点儿害怕了:师父很久不这样了,师父一这样就要犯病,头疼、心口疼、浑身疼,会几个月爬不起炕来。

　　"师父,您先洗脚吧。"

　　琴声不停。

　　"师父,您该洗脚了。"小瞎子的声音发抖。

　　琴声不停。

　　"师父!"

　　琴声戛然而止,老瞎子叹了口气。小瞎子松了口气。

　　老瞎子洗脚,小瞎子乖乖地坐在他身边。

　　"睡去吧,"老瞎子说,"今儿个够累的了。"

　　"您呢?"

　　"你先睡,我得好好泡泡脚。人上了岁数毛病多。"老瞎子故意说得轻松。

　　"我等您一块儿睡。"

　　山深夜静。有了一点风,墙头的草叶子响。夜猫子在远处哀哀地叫。听得见野羊坳里偶尔有几声狗吠,又引得孩子哭。月亮升起来,白光透过残损的窗棂进了殿堂,照见两个瞎子和三尊神像。

　　"等我干吗? 时候不早了。"

　　"你甭担心我,我怎么也不怎么。"老瞎子又说。

　　"听见没有,小子?"

　　小瞎子到底年轻,已经睡着。老瞎子推推他让他躺好,他嘴里嘟囔了几句倒头睡去。老瞎子给他盖被时,从那身日渐发育的筋肉上觉出,这孩子到了要想那些事的年龄,非得有一段苦日子过不可了。唉，这事谁也替不了谁。

老瞎子再把琴抱在怀里，摩挲着根根绷紧的琴弦，心里使劲念叨：又断了一根了，又断了一根了。再摇摇琴槽，有轻微的纸和蛇皮的摩擦声。唯独这事能为他排忧解烦。一辈子的愿望。

小瞎子做了一个好梦，醒来吓了一跳，鸡已经叫了。他一骨碌爬起来听听，师父正睡得香，心说还好。他摸到那个大挎包，悄悄地掏出电匣子，蹑手蹑脚出了门。

往野羊坳方向走了一会儿，他才觉出不对头，鸡叫声渐渐停歇，野羊坳里还是静静的没有人声。他愣了一会儿，鸡才叫头遍吗？灵机一动扭开电匣子。电匣子里也是静悄悄。现在是半夜。他半夜里听过匣子，什么都没有。这匣子对他来说还是个表，只要扭开一听，便知道是几点钟，什么时候有什么节目都是一定的。

小瞎子回到庙里，老瞎子正翻身。

"干吗哪？"

"撒尿去了。"小瞎子说。


一上午，师父逼着他练琴。直到晌午饭后，小瞎子才瞅机会溜出庙来，溜进野羊坳。鸡也在树荫下打盹儿，猪也在墙根下说着梦话，太阳又热得凶，村子里很安静。

小瞎子踩着磨盘，扒着兰秀儿家的墙头轻声喊："兰秀儿——兰秀儿——"

屋里传出雷似的鼾声。

他犹豫了片刻，把声音稍稍抬高："兰秀儿！兰秀儿！——"

狗叫起来。屋里的鼾声停了，一个闷声闷气的声音问："谁呀？"

小瞎子不敢回答,把脑袋从墙头上缩下来。

屋里吧唧了一阵嘴,又响起鼾声。

他叹口气,从磨盘上下来,怏怏地往回走。忽听见身后嘎吱一声院门响,随即一阵细碎的脚步声向他跑来。

"猜是谁?"尖声细气。小瞎子的眼睛被一双柔软的小手捂上了——这才多余呢。兰秀儿不到十五岁,认真说还是个孩子。

"兰秀儿!"

"电匣子拿来没?"

小瞎子掀开衣襟,匣子挂在腰上。"嘘!——别在这儿,找个没人的地方听去。"

"咋啦?"

"回头招好些人。"

"咋啦?"

"那么多人听,费电。"

两个人东拐西弯,来到山背后那眼小泉边。小瞎子忽然想起件事,问兰秀儿:"你见过曲折的油狼吗?"

"啥?"

"曲折的油狼。"

"曲折的油狼?"

"知道吗?"

"你知道?"

"当然。还有绿色的长椅。就是一把椅子。"

"椅子谁不知道。"

"那曲折的油狼呢?"

兰秀儿摇摇头,有点儿崇拜小瞎子了。小瞎子这才郑重其事地扭开电匣子,一支欢快的乐曲在山沟里飘荡。

这地方又凉快又没有人来打扰。

"这是《步步高》。"小瞎子说,跟着哼。

一会儿又换了支曲子,叫《旱天雷》,小瞎子还能跟着哼。兰秀儿觉得很惭愧。

"这曲子也叫《和尚思妻》。"

兰秀儿笑起来:"瞎骗人!"

"你不信?"

"不信。"

"爱信不信。这匣子里说的古怪事多啦。"小瞎子玩着凉凉的泉水,想了一会儿,"你知道什么叫接吻吗?"

"你说什么叫?"这回轮到小瞎子笑,光笑不答。兰秀儿明白准不是好话,红着脸不再问。

音乐播完了,一个女人说:"现在是讲卫生节目。"

"啥?"兰秀儿没听清。

"讲卫生。"

"是什么?"

"嗯——你头发上有虱子吗?"

"去——别动!"

小瞎子赶忙缩回手来,赶忙解释:"要有就是不讲卫生。"

"我才没有。"兰秀儿抓抓头,觉得有些刺痒。"噫——瞧你自个儿吧!"兰秀儿一把扳过小瞎子的头,"看我捉几个大的。"

这时候听见老瞎子在半山上喊:"小子,还不给我回来!该做饭了,吃罢饭还得去说书!"他已经站在那儿听了好一会儿了。


野羊坳里已经昏暗,羊叫、驴叫、狗叫、孩子们叫,处处起了炊烟。野羊岭上还有一线残阳,小庙正在那淡薄的光中,没有声响。

小瞎子又撅着屁股烧火。老瞎子坐在一旁淘米,凭着听觉他能把米中的沙子拣出来。

"今天的柴挺干。"小瞎子说。

"嗯。"

"还是焖饭?"

"嗯。"

小瞎子这会儿精神百倍,很想找些话说,但是知道师父的气还没消,心说还是少找骂。

两个人默默地干着自己的事,又默默地一块儿把饭做熟。岭上也没了阳光。

小瞎子盛了一碗小米饭,先给师父:"您吃吧。"声音怯怯的,无比驯顺。

老瞎子终于开了腔:"小子,你听我一句行不?"

"嗯。"小瞎子往嘴里扒拉饭,回答得含糊。

"你要是不愿意听,我就不说。"

"谁说不愿意听了? 我说'嗯'!"

"我是过来人,总比你知道得多。"

小瞎子闷头扒拉饭。

"我经过那号事。"

"什么事?"

"又跟我贫嘴!"老瞎子把筷子往灶台上一摔。

"兰秀儿光是想听听电匣子。我们光是一块儿听电匣子来。"

"还有呢?"

"没有了。"

"没有了?"

"我还问她见没见过曲折的油狼。"

"我没问你这个!"

"后来,后来,"小瞎子不那么气壮了,"不知怎么一下就说起了虱子……"

"还有呢?"

"没了。真没了!"

两个人又默默地吃饭。老瞎子带了这徒弟好几年,知道这孩子不会撒谎,这孩子最让人放心的地方就是诚实,厚道。

"听我一句话,保准对你没坏处。以后离那妮子远点儿。"

"兰秀儿人不坏。"

"我知道她不坏,可你离她远点儿好。早年你师爷这么跟我说,我也不信……"

"师爷?说兰秀儿?"

"什么兰秀儿,那会儿还没她呢。那会儿还没有你们呢……"老瞎子阴郁的脸又转向暮色浓重的天际,骨头一样白色的眼珠不住地转动,不知道在那儿他能"看"见什么。

许久,小瞎子说:"今儿晚上您多半儿又能弹断一根琴弦。"想让师父高兴些。

这天晚上师徒俩又在野羊坳说书。"上回唱到罗成死,三魂七魄赴幽冥,听歌君子莫喧嚷,列位听我道下文。罗成阴魂出地府,一阵旋风就起身,旋风一阵来得快,长安不远面前存……"老瞎子的琴声也乱,小瞎子的琴声也乱。小瞎子回忆着那双柔软的小手捂在自己脸上的感觉,还有自己的头被兰秀儿扳过去时的滋味儿。老瞎子想起的事情更多……

夜里老瞎子翻来覆去睡不安稳,多少往事在他耳边喧嚣,在他心头动荡,身体里仿佛有什么东西要爆炸。坏了,要犯病,他想。头昏、胸口憋闷,浑身紧巴巴的难受。他坐起来,对自己叨咕:"可别犯病,一犯病今年就甭想弹够那些琴弦了。"他又摸到琴。要能叮叮当当随心所欲地疯弹一阵儿，心头的忧伤或许就能平息，耳边的往事或许就会消散。可是小瞎子正睡得香甜。

他只好再全力去想那张药方和琴弦：还剩下几根，还只剩最后几根了。那时就可以去抓药了，然后就能看见这个世界——他无数次爬过的山，无数次走过的路，无数次感到过她的温暖和炽热的太阳，无数次梦想着的蓝天、月亮和星星……还有呢？突然间心里一阵空，空得深重。就只为了这些？还有什么？他朦胧中所盼望的东西似乎比这要多得多……

夜风在山里游荡。

猫头鹰又在凄哀地叫。

不过现在他老了，无论如何没几年活头了，失去的已经永远失去了，他像是刚刚意识到这一点。七十年中所受的全部辛苦就为了最后能看一眼世界，这值得吗？他问自己。

小瞎子在梦里笑，在梦里说："那是一把椅子，兰秀儿……"

老瞎子静静地坐着。静静地坐着的还有那三尊分不清是佛是道的泥像。

鸡叫头遍的时候老瞎子决定，天一亮就带这孩子离开野羊坳。否则这孩子受不了，他自己也受不了。兰秀儿人不坏，可这事会怎么结局，老瞎子比谁都"看"得清楚。鸡叫二遍，老瞎子开始收拾行李。

可是一早起来小瞎子病了，肚子疼，随即又发烧。老瞎子只好把行期推迟。

一连好几天，老瞎子无论是烧火、淘米、捡柴，还是给小瞎子挖药、煎药，心里总在说："值得，当然值得。"要是不这么反反复复对自己说，身上的力气似乎就全要垮掉。"我非要最后看一眼不可。""要不怎么着？就这么死了去？""再说就只剩下最后几根了。"后面三句都是理由。老瞎子又冷静下来,天天晚上还到野羊坳去说书。

这一下小瞎子倒来了福气。每天晚上师父到岭下去了,兰秀儿就猫似的轻轻跳进庙里来听匣子。兰秀儿还带来煮熟的鸡蛋,条件是得让她亲手去拧那匣子的开关。"往哪边拧?""往右。""拧不动。""往右,笨货,不知道哪边是右哇?""咔嗒"一下,无论是什么便响起来,无论是什么俩人都爱听。

又过了几天,老瞎子又弹断了三根琴弦。

这一晚,老瞎子在野羊坳里自弹自唱:"不表罗成投胎事,又唱秦王李世民。秦王一听双泪流,可怜爱卿丧残身,你死一身不打紧,缺少扶朝上将军……"

野羊岭上的小庙里这时更热闹。电匣子的音量开得挺大,又是孩子哭,又是大人喊,轰隆隆地又响炮,嘀嘀嗒嗒地又吹号。月光照进正殿,小瞎子躺着啃鸡蛋,兰秀儿坐在他旁边。两个人都听得兴奋,时而大笑,时而稀里糊涂莫名其妙。

"这匣子你师父哪儿买来的?"

"从一个山外头的人手里。"

"你们到山外头去过?"兰秀儿问。

"没。我早晚要去一回就是,坐坐火车。"

"火车?"

"火车你也不知道? 笨货。"

"噢,知道知道,冒烟哩是不是?"

过了一会儿兰秀儿又说:"保不准我就得到山外头去。"语调有些恓惶。

"是吗?"小瞎子一挺坐起来,"那你到底瞧瞧曲折的油狼是什么。"

"你说是不是山外头的人都有电匣子?"

"谁知道。我说你听清楚没有？曲、折、的、油、狼，这东西就在山外头。"

"那我得跟他们要一个电匣子。"兰秀儿自言自语地想心事。

"要一个？"小瞎子笑了两声，然后屏住气，然后大笑，"你干吗不要俩？你可真本事大。你知道这匣子几千块钱一个？把你卖了吧，怕也换不来。"

兰秀儿心里正委屈，一把揪住小瞎子的耳朵使劲拧，骂道："好你个死瞎子！"

两个人在殿堂里扭打起来。三尊泥像袖手旁观帮不上忙。两个年轻的正在发育的身体碰撞在一起，纠缠在一起，一个把一个压在身下，一会儿又颠倒过来，骂声变成笑声。匣子在一边唱。

打了好一阵子，两个人都累得住了手，心怦怦跳，面对面躺着喘气，不言声儿，谁却也不愿意再拉开距离。

兰秀儿呼出的气吹在小瞎子脸上，小瞎子感到了诱惑，并且想起那天吹火时师父说的话，就往兰秀儿脸上吹气。兰秀儿并不躲。

"嘿，"小瞎子小声说，"你知道接吻是什么了吗？"

"是什么？"兰秀儿的声音也小。

小瞎子对着兰秀儿的耳朵告诉她。兰秀儿不说话。老瞎子回来之前，他们试着亲了嘴儿，滋味儿真不坏……


就是这天晚上，老瞎子弹断了最后两根琴弦。两根弦一齐断了。他没料到。他几乎是连跑带爬地上了野羊岭，回到小庙里。

小瞎子吓了一跳："怎么了，师父？"

老瞎子喘吁吁地坐在那儿，说不出话。

小瞎子有些犯嘀咕：莫非是他和兰秀儿干的事让师父知道了？

老瞎子这才相信：一切都是值得的。一辈子的辛苦都是值得的。能看一回，好好看一回，怎么都是值得的。

"小子，明天我就去抓药。"

"明天？"

"明天。"

"又断了一根了？"

"两根。两根都断了。"

老瞎子把那两根弦卸下来，放在手里揉搓了一会儿，然后把它们并到另外的九百九十八根中去，绑成一捆。

"明天就走？"

"天一亮就动身。"

小瞎子心里一阵发凉。老瞎子开始剥琴槽上的蛇皮。

"可我的病还没好利索。"小瞎子小声叨咕。

"噢，我想过了，你就先留在这儿，我用不了十天就回来。"

小瞎子喜出望外。

"你一个人行不？"

"行！"小瞎子紧忙说。

老瞎子早忘了兰秀儿的事："吃的、喝的、烧的全有。你要是病好利索了，也该学着自个儿去说回书。行吗？"

"行。"小瞎子觉得有点儿对不住师父。

蛇皮剥开了，老瞎子从琴槽中取出一张叠得方方正正的纸条。他想起这药方放进琴槽时，自己才二十岁，便觉得浑身上下都好冷。

小瞎子也把那药方放在手里摸了一会儿，也有了几分肃穆。

"你师爷一辈子才冤呢。"

"他弹断了多少根?"

"他本来能弹够一千根,可他记成了八百。要不然他能弹断一千根。"

天不亮老瞎子就上路了。他说最多十天就回来,谁也没想到他竟去了那么久。


老瞎子回到野羊坳时已经是冬天。

漫天大雪,灰暗的天空连接着白色的群山。没有声息,处处也没有生气,空旷而沉寂,所以老瞎子那顶发了黑的草帽就尤其攒动得显著。他踉踉跄跄地爬上野羊岭。庙院中衰草瑟瑟,蹿出一只狐狸,仓惶逃远。

村里人告诉他,小瞎子已经走了些日子。

"我告诉他我回来。"

"不知道他干吗就走了。"

"他没说去哪儿? 留下什么话没?"

"他说让您甭找他。"

"什么时候走的?"

人们想了好久,都说是在兰秀儿嫁到山外去的那天。

老瞎子心里便一切全都明白。

众人劝老瞎子留下来,这么冰天雪地的上哪儿去? 不如在野羊坳说一冬书。老瞎子指指他的琴,人们见琴柄上空荡荡已经没了琴弦。老瞎子面容也憔悴,呼吸也羸弱,嗓音也沙哑了,完全变了个人。他说得去找他的徒弟。

若不是还想着他的徒弟,老瞎子就回不到野羊坳。那张他保存了五十年的药方原来是一张无字的白纸。他不信,请了多少个识字而又诚实的人帮他看,人人都说那果真就是一张无字的白纸。老瞎子在药铺前的台阶上坐了一会儿,他以为是一会儿,其实已经几天几夜,骨头一样的眼珠在询问苍天,脸色也变成骨头一样的苍白。有人以为他是疯了,安慰他,劝他。老瞎子苦笑:七十岁了再疯还有什么意思?他只是再不想动弹,吸引着他活下去、走下去、唱下去的东西骤然间消失干净。就像一根不能拉紧的琴弦,再难弹出赏心悦耳的曲子。老瞎子的心弦断了。现在发现那目的原来是空的。老瞎子在一个小客店里住了很久,觉得身体里的一切都在熄灭。他整天躺在炕上,不弹也不唱,一天天迅速地衰老。直到花光了身上所有的钱,直到忽然想起了他的徒弟,他知道自己死期将至,可那孩子在等他回去。

茫茫雪野,皑皑群山,天地之间攒动着一个黑点。走近时,老瞎子的身影弯得如一座桥。他去找他的徒弟。他知道那孩子目前的心情、处境。

他想自己先得振作起来,但是不行,前面明明没有了目标。

他一路走,便怀恋起过去的日子,才知道以往那些奔奔忙忙兴致勃勃地翻山、赶路、弹琴,乃至心焦、忧虑都是多么欢乐!那时有个东西把心弦扯紧,虽然那东西原是虚设。老瞎子想起他师父临终时的情景。他师父把那张自己没用上的药方封进他的琴槽。"您别死,再活几年,您就能睁眼看一回了。"说这话时他还是个孩子。他师父久久不言语,最后说:"记住,人的命就像这琴弦,拉紧了才能弹好,弹好了就够了。"……不错,那意思就是说:目的本来没有。老瞎子知道怎么对自己的徒弟说了。可是他又想:能把一切都告诉小瞎子吗?老瞎子又试着振作起来,可还是不行,总摆脱不掉那张无字的白纸……

在深山里,老瞎子找到了小瞎子。

小瞎子正跌倒在雪地里,一动不动,想那么等死。老瞎子懂得那绝不是装出来的悲哀。老瞎子把他拖进一个山洞,他已无力反抗。

老瞎子捡了些柴,点起一堆火。

小瞎子渐渐有了哭声。老瞎子放了心,任他尽情尽意地哭。只要还能哭就还有救,只要还能哭就有哭够的时候。

小瞎子哭了几天几夜,老瞎子就那么一声不吭地守候着。火光和哭声惊动了野兔子、山鸡、野羊、狐狸和鹞鹰……

终于小瞎子说话了:"干吗咱们是瞎子!"

"就因为咱们是瞎子。"老瞎子回答。

终于小瞎子又说:"我想睁开眼看看,师父,我想睁开眼看看! 哪怕就看一回。"

"你真那么想吗?"

"真想,真想! ——"

老瞎子把篝火拨得更旺些。

雪停了。铅灰色的天空中,太阳像一面闪光的小镜子。鹞鹰在平稳地滑翔。

"那就弹你的琴弦,"老瞎子说,"一根一根尽力地弹吧。"

"师父,您的药抓来了?"小瞎子如梦方醒。

"记住,得真正是弹断的才成。"

"您已经看见了吗? 师父,您现在看得见了?"

小瞎子挣扎着起来,伸手去摸师父的眼窝。老瞎子把他的手抓住。

"记住,得弹断一千二百根。"

"一千二?"

"把你的琴给我,我把这药方给你封在琴槽里。"老瞎子现在才弄懂了他师父当年对他说的话——咱的命就在这琴弦上。

目的虽是虚设的,可非得有不行,不然琴弦怎么拉紧? 拉不紧就弹不响。

"怎么是一千二,师父?"

"是一千二,我没弹够,我记成了一千。"老瞎子想:这孩子再怎么弹吧,还能弹断一千二百根?永远扯紧欢跳的琴弦,不必去看那张无字的白纸⋯⋯

这地方偏僻荒凉,群山不断。荒草丛中随时会飞起一对山鸡,跳出一只野兔、狐狸,或者其他小野兽。山谷中鹞鹰在盘旋。

现在让我们回到开始:

莽莽苍苍的群山之中走着两个瞎子,一老一少,一前一后,两顶发了黑的草帽起伏攒动,匆匆忙忙,像是随着一条不安静的河水在漂流。无所谓从哪儿来、到哪儿去,也无所谓谁是谁⋯⋯

1985年4月20日

## 【思考题】

（1）你如何看待老瞎子的执着？

老瞎子一辈子的心愿就是最后能看一眼世界，为了这个目的，不惜匆匆忙忙翻山越岭、弹琴说书。而就在快要弹断一千根琴弦的时候，老瞎子突然意识到自己所剩时日无多，为了这个目的，忍受了几十年的辛苦，到底值不值得？复明是老瞎子上下求索的原动力，但过于执着复明就成了自设的心灵枷锁。一旦过于执着，人就容易陷入盲目之中，只追求结果，而看不到过程。

（2）老瞎子撒谎说自己没能复明的原因是要弹够一千二百根，而自己记成了一千根。老瞎子为何要和小瞎子撒谎？

此时的老瞎子已经明白药方是一张白纸，但还是说了善意的谎言，他希望小瞎子的心弦能因此绷紧，继续活下去。曾经的小瞎子在听到积攒弹断的琴弦做药引子可以复明的时候，还持怀疑的态度，而在受到感情挫折之后，复明的药方便成了他的救命稻草。此时的小瞎子也将变成盲目的老瞎子，踏上师父的路，生命又一次开始了新的轮回。

（3）哲学家李泽厚说："哲学探索命运，文学表达命运，宗教信仰命运。"（《李泽厚十年集》第二卷）史铁生的小说《命若琴弦》即用文学来表达命运，表达自己的哲学思考。请你谈谈对标题"命若琴弦"象征意义的理解，结合生活实际谈谈你读完整篇文章的所思所想。

　　史铁生通过"命若琴弦"这一标题表达了他对于人生的目的和过程的辩证思考。史铁生认可信念的重要性，有了信念才有方向和动力。而老瞎子设定的目的是虚妄的，注定了无法实现。老瞎子因自身眼界、认知和所受教育的束缚，无法参透师父遗言中的"弹好"二字，而一直在追求"弹断一千根弦"的结果。"弹好"其实指的就是过程，一切意义都寓于过程中。生命的意义就在于创造这过程的美好与精彩，用心感受的生活才是自己的生活。


　　（4）文章的开头和结尾几乎完全一样，这样写有什么好处？请从内容、结构两方面谈谈你的看法。

　　《命若琴弦》的开头和结尾几乎一模一样，大体相同的是"莽莽苍苍的群山之中走着两个瞎子，一老一少，一前一后。两顶发了黑的草帽起伏攒动，匆匆忙忙，像是随着一条不安静的河水在漂流。无所谓从哪儿来，也无所谓到哪儿去"，不同的是开头第一段是"每人带一把三弦琴，说书为生"，在结尾处则是"也无所谓谁是谁"。

　　开头和结尾重复的内容渲染出一幅悲凉和苦痛的生存画面，深化了对生命循环和无尽轮回的主题的探讨。这不仅是对盲眼艺人生活状态的直观描绘，更是对人生经历的象征——无论是谁，都在这个世界上寻找着自己的方向和意义，往复循环，具有丰富的象征意义和深刻的哲学寓意。

　　开头的"每人带一把三弦琴，说书为生"描绘了主人公为生存而艰苦奋斗的生活状态，而结尾的"也无所谓谁是谁……"则在提醒读者，这种生存的挣扎和奋斗所描绘的不仅是盲眼艺人的故事，而是每个人都可能面临的现实。即在"莽莽苍苍的群山之中""匆匆忙忙"奔走的不仅是那些盲眼艺人,而是每一个人。我们都在为了某种可能虚幻的目标而努力,而这种努力又赋予了我们生命的意义和价值。结尾处的"也无所谓谁是谁……"进一步强调了人类在广阔宇宙中的渺小和生命的普遍性,每个人的生命旅程虽然独特,但又在某种程度上是相通的。这种从具体到抽象的转变,加深了读者对作品主题的理解和情感的共鸣,引发读者对人生、命运和存在的深刻反思。

从结构上看,首尾呼应有一种回环往复的美感,一咏三叹。首尾呼应,又有细微变化,提醒读者注意这些变化,并思考它们的意义。细微的变化引发读者对人生循环、身份认同和生命价值的深刻思考。在探讨生命、时间循环或命运等主题时,这种结构能够增强文章的哲思性和内容的象征意义。

# 好运设计

　　要是今生遗憾太多，在背运的当儿，尤其在背运之后情绪渐渐平静了或麻木了，你独自待一会儿，抽支烟，不妨想一想来世。你不妨随心所欲地设想一下（甚至是设计一下）自己的来世。你不妨试试。在背运的时候，至少我觉得这不失为一剂良药——先可以安神，而后又可以振奋。就像输惯了的赌徒把屡屡的败绩置于脑后，输光了裤子也还是对下一局存着饱满的好奇和必赢的冲动。这没有什么不好。这有什么不好吗？无非是说迷信，好吧，你就迷信他一回。无非是说这不科学，行，况且对于走运和背运的事实，科学本来无能为力。无非说这是空想，这是自欺，这是做梦，没用。那么希望有用吗？希望是不是必得在被证明了是可以达到的之后才能成立？当然，这些差不多都是废话，背了运的时候哪想得起来这么多废话？背了运的时候只是想走运有多么好，要是能走运有多好。到底会有多好呢？想想吧，想想没什么坏处，干吗不想一想呢？我就常常这样去想，我常常浪费很多时间去做这样的蠢事。

　　我想，倘有来世，我先要占住几项先天的优越：聪明、漂亮和一副好身体。命运从一开始就不公平，人一生下来就有走运的和不走运的。譬如说一个人很笨，生来就笨，这该怨他自己吗？然而由此所导致的一切后果却完全要由他自己负责——

他可能因此在兄弟姐妹之中是最不被父母喜爱的一个，他可能因此常受老师的斥责和同学们的嘲笑，他于是便更加自卑、更加委顿，饱受了轻蔑终也不知这事到底该怨谁。再譬如说，一个人生来就丑，相当丑，再怎么想办法去美容都无济于事，这难道是他的错误、是他的罪过？不是。好，不是。那为什么就该他难得姑娘们的喜欢呢？因而婚事就变得格外困难，一旦有个漂亮姑娘爱上他却又赢得多少人的惊诧和不解；终于有了孩子，不要说别人就连他自己都希望孩子长得千万别像他自己。为什么就该他是这样呢？为什么就该他常遭取笑，常遭哭笑不得的外号，或者常遭怜悯，常遭好心人小心翼翼地对待呢？再说身体，有的人生来就肩宽腿长潇洒英俊（或者婀娜妩媚娉娉婷婷），生来就有一身好筋骨，跑得也快跳得也高，气力足耐力又好，精力旺盛，而且很少生病，可有的人却与此相反，生来就样样都不如人。对于身体，我的体会尤甚。譬如写文章，有的人写一整天都不觉得累，可我连续写上三四个钟头眼前就要发黑。譬如和朋友们一起去野游，满心欢喜妙想联翩地到了地方，大家的热情正高雅趣正浓，可我已经累得只剩了让大家扫兴的份儿了。所以我真希望来世能有一副好身体。今生就不去想它了，只盼下辈子能够谨慎投胎，有健壮优美如卡尔·刘易斯一般的身材和体质，有潇洒漂亮如周恩来一般的相貌和风度，有聪明智慧如阿尔伯特·爱因斯坦一般的大脑和灵感。

　　既然是梦想不妨就让它完美些罢。何必连梦想也那么拘谨那么谦虚呢？我便如醉如痴并且极端自私自利地梦想下去。

　　降生在什么地方也是件相当重要的事。二十年前插队的时候，我在偏远闭塞的陕北乡下，见过不少健康漂亮尤其聪慧超群的少年，当时我就想，他们要是生在一个恰当的地方，他们必都会大有作为，无论他们做什么他们都必定成就非凡。但在那穷乡僻壤，吃饱肚子尚且是一件颇为荣耀的成绩，哪还有余力去奢想什么文化呢？所以他们没有机会上学，自然也没有书读，看不到报纸电视甚至很少看得到电影，他们完全不知道外面的世界是什么样子，便只可能遵循了祖祖辈辈的老路，日出而作日入而息，春种秋收夏忙冬闲，日复一日年复一年。光阴如常地流逝，然后他们长大了，娶妻生子成家立业，才华逐步耗尽变作纯朴而无梦想的汉子。然后，可以料到，他们也将如他们的父辈一样地老去，唯单调的岁月在他们身上留下注定的痕迹，而人为什么要活这一回呢？却仍未在他们苍老的心里成为问题。然后，他们恐惧着、祈祷着、惊慌着听命于死亡随意安排。再然后呢？再然后倘若那地方没有变化，他们的儿女们必定还是这样地长大、老去、磨钝了梦想，一代代去完成同样的过程。或许这倒是福气？或许他们比我少着梦想所以也比我少着痛苦？他们会不会也设想过自己的来世呢？没有梦想或梦想如此微薄的他们又是如何设想自己的来世呢？我不知道。我不知道。我只希望我的来世不要是他们这样，千万不要是这样。

那么降生在哪儿好呢？是不是生在大城市，生在个贵府名门就肯定好呢？父亲是政绩斐然的总统，要不是个家藏万贯的大亨，再不就是位声名赫赫的学者，或者父母都是不同寻常的人物，你从小就在一个备受宠爱备受恭维的环境中长大，呈现在你面前的是无忧无虑的现实，绚烂辉煌的前景，左右逢源的机遇，一帆风顺的坦途……不过这样是不是就好呢？一般来说这样的境遇也是一种残疾，也是一种牢笼。这样的境遇经常造就着蠢材，不蠢的几率很小，有所作为的比例很低，而且大凡有点水平的姑娘都不肯高攀这样的人；固然他们之中也有智能超群的天才，也有过大有作为的人物，也出过明心见性的悟者，但毕竟几率很小比例很低。这就有相当大的风险，下辈子务必慎重从事，不可疏忽大意不可掉以轻心，今生多舛来生再受不住是个蠢材了。

生在穷乡僻壤，有孤陋寡闻之虞，不好。生在贵府名门，又有骄狂愚妄之险，也不好。

生在一个介于此二者之间的位置上怎么样？嗯，可能不错。

既知晓人类文明的丰富璀璨，又懂得生命路途的坎坷艰难，这样的位置怎么样？嗯，不错。

既了解达官显贵奢华而危惧的生活，又体会平民百姓清贫而深情的岁月，这位置如何？嗯！不错，好！

既有博览群书并入学府深造的机缘，又有浪迹天涯独自在社会上闯荡的经历；既能在关键时刻得良师指点如有神助，又时时事事都要靠自己努力奋斗绝非平步青云；既饱尝过人情友爱的美好，又深知了世态炎凉的正常，故而能如罗曼·罗兰所说："看清了这个世界，而后爱它。"——这样的位置可好？好。确实不错。好虽好，不过这样的位置在哪儿呢？

在下辈子。在来世。只要是好，咱可以设计。咱不慌不忙仔仔细细地设计一下吧。我看没理由不这样设计一下。甭灰心，也甭沮丧，真与假的说道不属于梦想和希望的范畴，还是随心所欲地来一回"好运设计"吧。


你最好生在一个普通知识分子的家庭。

也就是说，你父亲是知识分子，但千万不要是那种炙手可热过于风云的知识分子，否则，"贵府名门"式的危险和不幸仍可能落在你头上：你将可能没有一个健全、质朴的童年，你将可能没有一群浪漫无猜的伙伴，你将会错过唯一可能享受到纯粹的友情、感受到圣洁的忧伤的机会，而那才是童年，才是真正的童年。一个人长大了若不能怀恋自己童年的痴拙，若不能默然长思或仍耿耿于怀孩提时光的往事，当是莫大的缺憾；对于我们的"好运设计"，则是个后患无穷的错误。你应该有一大群来自不同家庭的男孩儿和女孩儿做你的朋友，你跟他们一块儿认真地吵架并且翻脸，然后一块儿哭着和好如初。把你的秘密告诉他们，把他们告诉给你的秘密对任何人也不说。你们定一个暗号，这暗号一经发出你们一个个无论正在干什么也得从家里溜出来，密谋一桩令大人们哭笑不得的事件。当你父母不在家的时候，随便找个理由把你的好朋友都叫来——比如说为了你的生日或为了离你的生日还差一个多月，你们痛痛快快随心所欲地折腾一天，折腾饿了就把冰箱里能吃的东西都吃光，然后继续载歌载舞地庆祝，直到不小心把你父亲的一件贵重艺术品摔成分文不值，你们的汗水于是被冻僵了一会儿，但这是个机会是你为朋友们献身的时刻，你脸色煞白但拍拍胸脯说这怕什么这没啥了不起，随后把朋友们都送走，你独自胆战心惊地策划一篇谎言（要是你家没有猫，你记住：邻居家不一定都没有猫）。你还可以跟你的朋友们一起去冒险，到一个据说最可怕的地方，比如离家很远的一片野地、一幢空屋、一座孤岛、孤岛上废弃的古刹、古刹四周阴森零落的荒冢……都是可供选择的地方。你从自己家的抽屉里而不要从别人家的抽屉里拿点钱，以备不时之需；你们瞒过父母，必要的话还得瞒过姐姐或弟弟；你们可以不带那些女孩子去，但如果她们执意要跟着也就别无选择，然后出发，义无反顾。把你的新帽子扯破了新鞋弄丢了一只这没关系，把膝盖碰出了血把白衬衫上洒了一瓶紫药水这没关系，作业忘记做了还在书包里装了两只活蛤蟆一只死乌鸦这都毫无关系,你母亲不会怪你,因为当晚霞越来越淡继而夜色越来越重的时候,你父亲也沉不住气了,他正要动身去报案,你们突然都回来了,累得一塌糊涂但毕竟完整无缺地回来了,你母亲庆幸还庆幸不过来呢,还会再存什么别的奢望吗?"他们回来啦,他们回来啦!"仿佛全世界都和平解放了,一群平素威严的父亲都乖乖地跑出来迎接你们,同样多的一群母亲此刻转忧为喜光顾得摩挲你们的脸蛋和亲吻你们的脑门儿:"你们这是上哪儿去了呀,哎哟天哪,你们还知道回来吗?!"你就大模大样地躺在沙发上呼吃唤喝:"累死了,哎呀真是累死了!"——你就这样,没问题,再讲点莫须有的惊险故事,既吓唬他们也陶醉自己,你就得这样,只要这样,一切帽子、裤子、鞋、作业和书包、活蛤蟆以及死乌鸦,就都微不足道了。(等你长到我这样的年龄时,你再告诉他们那些惊险的故事都是你为了逃避挨揍而获得的灵感,那时你年老的父母肯定不会再补揍你一顿,而仍可能摩挲你的脸甚至吻你的脑门儿了。)但重要的是,这次冒险你无论如何得安全地回来——就像所有的戏剧还没打算结束时所需要的那样,否则接下去的好运就无法展开了。不错,你的童年就应该是这样的,就应该按照这样的思路去设计,一个幸运者的童年就得是这样。我的纸写不下了,待实施的时候应该比这更丰富多彩。比如你还可颇具分寸地惹一点小祸,一个幸运的孩子理应惹过一点小祸,而且理应遇到过一些困难,遇到过一两个骗子、一两个坏人、一两个蠢货和一两个不会发愁而很会说笑话的人。一个幸运的孩子应该有点野性。当然你的父亲是个地地道道的知识分子,因为一个幸运的人必须从小受到文化的熏陶,野到什么份儿上都不必忧虑但要有机会使你崇尚知识,之所以把你父亲设计为知识分子,全部的理由就在于此。

你的母亲也要有知识,但不要像你父亲那样关心书胜过关心你。也不要像某些愚蠢的知识妇女,料想自己功名难就,便把一腔希望全赌在了儿女身上,生了个女孩儿就盼她将来是个居里夫人,养了个男娃就以为是养了个小贝多芬。这样的母亲千万别落到咱头上,你不听她的话你觉得对不起她,你听了她的话你会发现她对不起你。她把你像幅名画似的挂在墙上后退三步眯起眼睛来观赏你,把你像颗话梅似的含在嘴里颠来倒去地品味你。你呢? 站在那儿吱吱嘎嘎地折磨一把挺好的小提琴,长大了一想起小提琴就发抖,要不就是没日没夜地背单词背化学方程式,长大了不是傻瓜就是暴徒。你的母亲当然不是这样。有知识不是有文凭,你的母亲可以没有文凭。有知识不是被知识霸占,你的母亲不是知识的奴隶。有知识不能只是有对物的知识,而是得有对人的了悟。一个幸运者的母亲必然是一个幸运的母亲、一个明智的母亲、一个天才的母亲,她自打当了母亲她就得了灵感,她教育你的方法不是来自于教育学,而是来自她对一切生灵乃至天地万物由衷的爱,由衷的颤栗与祈祷,由衷的镇定和激情。在你幼小的时候她只是带着你走,走在家里,走在街上,走到市场,走到郊外,她难得给你什么命令,从不有目的地给你一个方向。走啊走啊你就会爱她,走啊走啊,你就会爱她所爱的这个世界。等你长大了,她就放你到你想要去的地方。她深信你会爱这个世界,至于其他她不管,至于其他那是你的自由你自己负责。她只有一个愿望,就是你能常常回来,你能有时候回来一下。

在你两三岁的时候你就光是玩儿,成天就是玩儿,别着急背诵《唐诗三百首》和弄通百位数以内的加减法,去玩儿一把没有钥匙的锁和一把没有锁的钥匙,去玩儿撒尿和泥,然后用

不着洗手再去玩儿你爷爷的胡子。到你四五岁的时候你还是
玩儿,但玩儿得要高明一点了,在你母亲的皮鞋上钻几个洞看
看会有什么效果,往你父亲的录音机里撒把沙子听听声音会不
会更奇妙。上小学的时候,我看你门门功课都得上三四分就够
了,剩下的时间去做些别的事,以便让你父母有机会给人家赔
几块玻璃。一上中学,尤其一上高中,所有的熟人几乎都不认
识你了,都得对你刮目相看:你在数学比赛上得奖,在物理比
赛上得奖,在作文比赛上得奖,在外语比赛上你没得奖但事后
发现那不过是老师的一个误判。但这都并不重要,这些奖啊
奖啊奖啊并不足以构成你的好运,你的好运是说你其实并没
花太多时间在功课上。你爱好广泛,多能多才,奇想迭出,别
人说你不务正业,你大不以为然,凡兴趣所至仍神魂聚注若癫
若狂。

你热爱音乐,古典的交响乐,现代的摇滚乐,温文尔雅的歌
剧清唱剧,粗犷豪放的民谣村歌,乃至悠婉凄长的叫卖,孤零萧
瑟的风声,温馨闲适的节日的音讯,你都听得心醉神迷,听得怆
然而沉寂,听出激越和威壮,听到玄渺空冥,你真幸运,生存之
神秘注入你的心中使你永不安规守矩。

你喜欢美术,喜欢画作,喜欢雕塑,喜欢异彩纷呈的烧陶,
喜欢古朴稚拙的剪纸;喜欢在渺无人迹的原野上独行,在水阔
天空的大海里驾舟,在山林荒莽中跋涉,看大漠孤烟,看长河落
日,看鸥鸟纵情翔飞,看老象坦然赴死。你从色彩感受生命,由
造型体味空间,在线条上嗅出时光的流动,在连接天地的方位
发现生灵的呼喊。你是个幸运的人,因为你真幸运,你于是匍
匐在自然造化的脚下,奉上你的敬畏与感恩之心吧,同时上苍
赐予你不屈不尽的创造情怀。

你幸运得简直令人嫉妒,因为体育也是你的擅长。九秒

九一，懂吗？两小时五分五十九秒，懂吗？就是说，从一百米到马拉松，不管多长的距离没有人能跑得过你；二米四十五、八米九十一，知道这是什么意思吗？就是说没人比你跳得高也没人比你跳得远；突破二十三米、八十米、一百米，就是说，铅球也好铁饼也好标枪也好，在投掷比赛中仍然没有你的对手。当然这还不够，好运气哪有个够呢？差不多所有的体育项目你都行：游泳、滑雪、溜冰、踢足球、打篮球，乃至击剑、马术、射击，乃至铁人三项……你样样都玩儿得精彩、洒脱、漂亮。你跑起来浑身的肌肤像波浪一样滚动，像旗帜一般飘展；你跳起来仿佛土地也有了弹性，空中也有着依托；你劈波戏水，屈伸舒卷，鬼没神出；在冰原雪野，你翻转腾挪，如风驰电掣；生命在你那儿是一个节日，是一个庆典，是一场狂欢……那已不再是体育了，你把体育变得不仅仅是体育了，幸运的人，那是舞蹈，那是人间最自然最坦诚的舞蹈，那是艺术，是上帝选中的最朴实最辉煌的艺术形式。这时连你在内，连你的肉体你的心神，都是艺术了。你这个幸运的人，世界上最幸运的人，偏偏是你被上帝选作了美的化身。

接下来你到了恋爱的季节。你十八岁了，或者十九或者二十岁了。这时你正在一所名牌大学里读书，读一个最令人仰慕的系最令人敬畏的专业，你读得出色，各种奖啊奖啊又闹着找你。现在你的身高已经是一米八八，你的喉结开始突起，嘴唇上开始有了黑色但还柔软的胡须，就是在这时候你的嗓音开始变得浑厚迷人，就是在这时候你的百米成绩开始突破十秒，你的动静坐卧举手投足都流溢着男子汉的光彩……总之，由于我们已经设计过的诸项优点或说优势，明显地追逐你的和不露声色地爱慕着你的姑娘们已是成群结队，你经常在教室里看见她们异样的目光，在食堂里听出她们对你喊喊喳喳的议论，在晚会上她们为你的歌声所倾倒，在运动会上她们被你的身姿所激动而忘情地欢呼雀跃，但你一向只是拒绝，拒绝，婉言而真诚地拒绝，善意而巧妙地逃避，弄得一些自命不凡的姑娘们委屈地流泪。但是有一天，你在运动场上正放松地慢跑，你忽然看见一个陌生的姑娘也在慢跑，她的健美一点不亚于你，她修长的双腿和矫捷的步伐一点不亚于你，生命对她的宠爱、青春对她的慷慨这些绝不亚于你，而她似乎根本没有发现你，她顾自跑着目不斜视，仿佛除了她和她的美丽这世界上并不存在其他东西，甚至连她和她的美丽她也不曾留意，只是任其随意流淌，任其自然地涌荡。而你却被她的美丽和自信震慑了，被她的优雅和苗壮惊呆了，你被她的倏然降临搞得心恍神惚手足无措。（我们同样可以为她也做一个"好运设计"，她是上帝的一个完美的作品，为了一个幸运的男人这世界上显然该有一个完美的女人，当然反过来也一样。）于是你不跑了，伏在跑道边的栏杆上忘记了一切，光是看她。她跑得那么轻柔，那么从容，那么飘逸，那么灿烂。你很想冲她微笑一下向她表示一点敬意，但她并不给你这样的机会，她跑了一圈又一圈却从来没有注意到你，然后她走。简单极了，就是说她跑完了该走了，就走了。就是说她走了，走了很久而你还站在原地。就是说操场上空空旷旷只剩了你一个人，你头一回感到了惆怅和孤零——她不知道你是谁，你也不知道她从哪儿来。但你把她记在了心里。但幸运之神仍然和你在一起。此后你又在图书馆里见到过她，你费尽心机总算弄清了她在哪个系。此后你又在游泳池里见到过她，你拐弯抹角从别人那儿获悉了她的名字。此后你又在滑冰场上见到过她，你在她周围不露声色地卖弄你的千般技巧万种本事，终于引起了她的注意。此后你又在领奖台上和她站到过一起,这一回她对你笑了笑使你一生再也没能忘记。此后你又在朋友家里和她一起吃过一次午饭(你和你的朋友为此蓄谋已久),这下你们到底算认识了,你们谈了很多,谈得融洽而且热烈。此后不是你去找她,就是她来找你,春夏秋冬春夏秋冬,不是她来找你就是你去找她,春夏秋冬……总之,总而言之,你们终成眷属。你是一个幸运的人——至少我们的"幸运设计"是这样说的——所以你万事如意。

也许你已经注意到了,我们的"好运设计"至此显得有些潦草了。是的。不过绝不是我们无能把它搞得更细致、更完善、更浪漫、更迷人,而是我忽然有了一点疑虑,感到了一点困惑,有一道淡淡的阴影出现了并正在向我们靠近,但愿我们能够摆脱它,能够把它消解掉。

阴影最初是这样露头的:你能在一场如此称心、如此顺利、如此圆满的爱情和婚姻中饱尝幸福吗? 也就是说,没有挫折,没有坎坷,没有望眼欲穿的企盼,没有撕心裂肺的煎熬,没有痛不欲生的痴癫与疯狂,没有万死不悔的追求与等待,当成功到来之时你会有感慨万端的喜悦吗? 在成功到来之后还会不会有刻骨铭心的幸福? 或者,这喜悦能到什么程度? 这幸福能被珍惜多久? 会不会因为顺利而冲淡其魅力? 会不会因为圆满而阻塞了渴望,而限制了想象,而丧失了激情,从而在以后漫长的岁月中只是遵从了一套经济规律、一种生理程序、一个物理时间,心路却已荒芜,然后是腻烦,然后靠流言蜚语排遣这腻烦,继而是麻木,继而用插科打诨加剧这麻木——会不会? 会不会是这样? 地球如此方便如此称心地把月亮搂进了自己的怀中,没有了阴晴圆缺,没有了潮汐涨落,没有了距离便没有了路程,没有了斥力也就没有了引力,那是什么呢? 很明白,那是死亡。当然一切都在走向那里,当然那是一切的归宿,宇宙在走向热寂。但此刻宇宙正在旋转，正在飞驰，正在高歌狂舞，正借助了星汉迢迢，借助了光阴漫漫，享受着它的路途，享受着坍塌后不死的沉吟，享受着爆炸后辉煌的咏叹，享受着追寻与等待，这才是幸运，这才是真正的幸运，恰恰死亡之前这波澜壮阔的挥洒，这精彩纷呈的燃烧才是幸运者得天独厚的机会。你是一个幸运者，这一点你要牢记。所以你不能学那凡夫俗子的梦想，我们也不能满意这晴空朗日水静风平的设计。所谓好运，所谓幸福，显然不是一种客观的程序，而完全是心灵的感受，是强烈的幸福感罢了。幸福感，对了。没有痛苦和磨难你就不能强烈地感受到幸福，对了。那只是舒适只是平庸，不是好运不是幸福，这下对了。

现在来看看，得怎样调整一下我们的"设计"，才能甩掉那道不祥的阴影，才能远远地离开它。也许我们不得不给你加设一点小小的困难，不太大的坎坷和挫折，甚至是一些必要的痛苦和磨难，为了你的幸福不致贬值我们要这样做，当然，会很注意分寸。

仍以爱情为例。我们想是不是可以这样：一开始，让你未来的岳父岳母对你们的恋爱持反对态度，他们不大看得上你，包括你未来的大舅子、小姨子、大舅子的夫人和小姨子的男朋友等等一干人马都看不上你。岳父说要是这样他宁可去死。岳母说要是这样她情愿少活。大舅子于是奉命去找了你们单位的领导说你破坏了一个美满的家庭。小姨子流着泪劝她的姐姐三思再三思，爹有心脏病娘有高血压。岳父便说他死不瞑目。岳母说她死后做鬼也不饶过你们。你是个幸运的人你真没看错那个姑娘，她对你一往情深始终不渝，她说与其这样不如她先于他们去死，但在死前她有必要提个问题："请问他哪点儿不如你们？请问他有哪点儿不好?"是呀,他哪点儿不好呢?你,是说你,你有哪点儿不好呢?不仅这姑娘的父母无言以对,就连咱们也无以作答。按照已有的设计,你好像没有哪点儿不好,你简直无懈可击,那两个老人倘不是疯子不是傻瓜不是心理变态,他们为什么会反对你成为他们的女婿呢?所以对此得做一点修改,你不能再是一个完人,你得至少有一个弱点,甚至是一种很要紧的缺欠,一种大凡岳父岳母都难以接受的缺欠。然后你在爱情的鼓舞下,在那对蛮横老人颇合逻辑的蔑视的刺激下,痛下决心破釜沉舟发奋图强历尽艰辛终于大功告成终于光彩照人终于震撼了那对老人,令他们感动令他们愧悔于是心悦诚服地承认了你这个女婿,你热泪盈眶欣喜若狂忽然发现天也是格外地蓝地球也是出奇地圆柔情似水佳期如梦幸福地久天长……是不是得这样呢?得这样。大概是得这样。

什么样的缺欠呢?你看给你设计什么样的缺欠比较适合?

笨?不,这不行,笨很可能是一件终生的不幸,几乎不是努力可以根本克服的,此一点应坚决予以排除。

丑呢?不,丑也不行,丑也是无可挽回的局面,弄不好还会殃及后代,不行,这肯定不行。

无知呢,行不行?不,这比笨还不如,绝对的(或相当严重的)无知与白痴没什么区别;而相对的无知又不是一项缺欠,我们每个人都是这样。

你总得做一点让步嘛。譬如说木讷一点,古板一点行吗?缺乏点活力,缺乏点朝气,缺乏点个性,缺乏点好奇心,譬如说这样,行吗?噢,你居然还在问"行吗",再糟糕不过!接下来你会发现他还缺乏勇气,缺乏同情,缺乏感觉,遇事永远不会激动,美好不能使其赞叹,丑恶也不令其憎恶,他既不懂得感动也

157

不懂得愤怒,他不怎么会哭又不大会笑,这怎么能行?他还是活的吗?他还能爱吗?他还会为了爱而痛苦而幸福吗?不行。

那么狡猾一点可以吗?狡猾,唉,其实人们都多多少少地有那么一点狡猾,这虽不是优点但也不必算作缺点,凡要在这世界上生存下去的种类,有点狡猾也是在所难免。不过有一点需要明确:若是存心算计别人、不惜坑害别人的狡猾可不行,那样的人我怕大半没有什么好下场。那样的人同样也不会懂得爱(他可能了解性,但他不懂得爱,他可能很容易猎获性器的快感,但他很难体验性爱的陶醉,因为他依靠的不是美的创造而仅仅是对美的赚取),况且这样的人一般来说都没什么真正的才华和魅力,否则也无须选用了狡猾。不行。无论从哪个角度想,狡猾都不行。

要不,有一点病?噢老天爷,千万可别,您饶了我吧,无论如何帮帮忙,下辈子万万不能再有病了,绝对不能。咱们辛辛苦苦弄这个"好运设计"因为什么您知道不?是的您应该知道,那就请您再别提病,一个字也别再提。

只是有一点小病呢?小病也不行,发烧感冒拉肚子?不不,这没用,有点小病不构成对什么人的威胁,也不能如我们所期望的那样最终使你的幸福加倍,有也是白有。但这绝不是说你没病则已,有就有它一种大病,不不!绝没有这个意思;你必须要明白,在任何有期徒刑(注意:有期)和有一种大病之间,要是你非得做出选择不可的话,你要选择前者,前者!对对,没有商量的余地。

要是你得了一种大病,别急,听我说完,得了一种足以使你日后的幸福升值的大病,而这病后来好了,完全好了,这怎么样?唔,这倒值得考虑。你在病榻上躺了好几年,看见任何一个健康的人你都羡慕,你想你是他们中间的任何一个你都知足,然后你的病好了,完好如初,这怎么样? 说下去。你本来已经绝望了,你想即便不死未来的日子也是无比暗淡,你想与其这样倒不如死了痛快,就在这时你的病情突然有了转机。说下去。在那些绝望的白天和黑夜,你祷告许愿,你赌咒发誓,只要这病还能好,再有什么苦你都不会觉得苦再有什么难你也不会觉得难,一文不名呀,一贫如洗呀,这都有什么关系呢? 你将爱生活,爱这个世界,爱这个世界上所有的人……这时,就在这时奇迹发生了,一个奇迹使你完全恢复了健康,你又是那么精力旺盛健步如飞了,这样好不好? 好极了,再往下说。你本来想只要还能走就行,可你现在又能以九秒九一的速度飞跑了;你本来想要是再能跳就好了,可你现在又可以跳过二米四五了;你本来想只要还能独立生活就够了,可现在你的用武之地又跟地球一样大了;你本来想只要还能算个人不至于把谁吓跑就谢天谢地了,可现在喜欢你的好姑娘又是数不胜数铺天盖地而来了。往下说呀,别含糊,说下去。当然你痴心不改——这不是错误,大劫大难之后人不该失去锐气,不该失去热度,你镇定了但仍在燃烧,你平稳了却更加浩荡,你依然爱着那个姑娘爱得山高海深不可动摇,这时候你未来的老丈人老丈母娘自然也不会再反对你们的结合了,不仅不反对而且把你看作是他们的光彩是他们的荣耀是他们晚年的福气是他们九泉之下的安慰。此刻你是多么幸福,你同你所爱的人在一起,在蓝天阔野中跑,在碧波白浪中游,你会是怎样的幸福! 现在就把前面为你设计的那些好运气都搬来吧,现在可以了,把它们统统搬来吧,劫难之后失而复得,现在你才真正是一个幸福的人了。苦尽甜来,对,这才是最为关键的好运道。

苦尽甜来,对,只要是苦尽甜来其实怎么都行,生生病呀,失失恋呀,要要饭呀,挨挨揍呀(别揍坏了),被抄抄家呀,坐坐冤狱呀,只要能苦尽甜来其实都不是坏事。怕只怕苦也不尽,甜也不来。其实都用不着甜得很厉害,只要苦尽也就够了。其实都用不着什么甜,苦尽了也就很甜了。让我们为此而祈祷吧。让我们把这作为一条基本原则,无论如何写进我们的"好运设计"中去吧,无论如何安排在头版头条。

问题是,苦尽甜来之后又怎样呢?苦尽甜来之后又当如何?哎哟,那道阴影好像又要露头。苦尽甜来之后要是你还没死,以后的日子继续怎样过呢?我们应当怎样继续为你设计好运呢?好像问题还是原来的问题,我们并没能把它解决。当然现在你可以不断地忆苦思甜,不断地知足常乐,我们也完全可以把你以后的生活设计得无比顺利,但这样下去,我们是不是绕了一圈又回到那不祥的阴影中去了?你将再没有企盼了吗?再没有新的追求了吗?那么你的心路是不是又要荒芜,于是你的幸福感又要老化、萎缩、枯竭了呢?是的,肯定会是这样。幸福感不是能一次给够的,一次幸福感能维持多久这不好计算,但日子肯定比它长,比它长的日子却永远要依靠着它。所以你不能失去距离,不能没有新的企盼和追求,你一时失去了距离便一时没有了路途,一时没有了企盼和追求便一时失去了兴致和活力,那样我们势必要前功尽弃,那道阴影必会不失时机地又用无聊、用乏味、用腻烦和麻木来纠缠你,来恶心你,同时葬送我们的"好运设计"。当然我们不会答应。所以我们仍要为你设计新的距离,设计不间断的企盼和追求。不过这样你就仍然要有痛苦,一直要有。是的是的,一时没有了痛苦的衬照便一时没有了幸福感。

真抱歉,我们没想到会是这样。我们一向都是好意,想使你幸福,想使你在来世频交好运,没想到竟还得不断地给你痛苦。那道讨厌的阴影真是把咱们整惨了。看看吧,看看是否还有办法摆脱它。真对不起,至少我先不吹牛了,要是您还有兴趣咱们就再试试看,反正事已至此,我想也不必草草率率地回心转意。看在来世的分儿上,就再试试吧。

看来,在此设计中不要痛苦是不大可能了。现在就只剩了一条路:使痛苦尽量小些,小到什么程度并没有客观的尺度,总归小到你能不断地把它消灭就行了。就是说,你能够不断地克服困难,你能够不断地跨越距离,你能够不断地实现你的愿望,这就行了。痛苦可以让它不断地有,但你总是能把它消灭,这就行了,这样你就巧妙地利用了这些混账玩意儿而不断地得到幸福感了。只要这样行,接下来的事由我们负责。我们将根据以上要求为你设计必要的才能,必要的机运,必要的心理素质、意志品质,以及必要的资金、器械、设施、装备,乃至大夫护士、贤妻良母、孝子乖孙等等一系列优秀的后勤服务。总之,这些我们都能为你设计,只要一个人永远是个胜利者这件事是可能的,只要无论什么样的痛苦总归是能被消灭的这件事是可能的,只要这样,我们的"好运设计"就算成了。只好也就这样了,这样也就算成了。


不过,这是不是可能的?你见没见过永远的胜利者?好吧,没见过并不说明这是不可能的,没见过的我们也可以设计。你,譬如说你就是一个永远的胜利者,那么最终你会碰见什么呢?死亡。对了,你就要碰见它,无论如何我们没法儿使你不碰见它,不感到它的存在,不意识到它的威胁。那么你对它有什么感想?你一生都在追求,一直都在胜利,一向都是幸福的,但当死亡来临的时候你想你终于追求到了什么呢?你的一切胜利到底都是为了什么呢?这时你不沮丧,不恐惧,不痛苦吗？你从来没碰到过不可逾越的障碍，从来没见过不可消除的痛苦，你就像一个被上帝惯坏了的孩子，从来不知道什么叫失败，从来没遭遇过绝境，但死神终于驾到了，死神告诉你这一次你将和大家一样不能幸免，你的一切优势和特权（即那"好运设计"中所规定的）都已被废黜，你只可俯首帖耳听凭死神的处置。这时候你必定是一个最痛苦的人，你会比一生不幸的人更痛苦（他已经见到了的东西你却一直因为走运而没机会见到），命运在最后跟你算总账了（它的账目一向是收支平衡的），它以一个无可逃避的困境勾销你的一切胜利，它以一个不容置疑的判决报复你的一切好运，最终不仅没使你幸福反而给你一个你一直有幸不曾碰到的——绝望。绝望，当死亡到来之际这个绝望是如此地货真价实，你甚至没有机会考虑一下对付它的办法了。

怎么办？你怎么办？我们怎么办？你说事情不会是这样，你的胜利依旧还是胜利，它会造福于后人；你的追求并没有白费，它将为后人铺平道路；而这就是你的幸福，所以你不会沮丧不会痛苦你至死都会为此而感到幸福。这太好了，一个真正的幸运者就应该有这样的胸怀有如此高尚的情操——让我们暂时忘记我们只是在为自己设计好运吧，或者让我们暂时相信所有的人都能够享有同样的好运吧——一个幸运者只有这样才能最终保住自己的好运，才能使自己最终得享平安和幸福。但是——但是！就算我们没有发现您的不诚实，一个如您这般聪明高尚的人总该知道您正在把后人的路铺向哪儿吧？铺到哪儿才算成功了呢？铺到所有的人都幸福都没了痛苦的地方？那么他们不是又将面对无聊了吗？当他们迎候死亡时不是就不能再像您这样，以"为后人铺路"而自豪而高尚而心安理得了吗？如果终于不能使所有的人都幸福都没了痛苦，您的高尚不就成了一场骗局,您的胜利又怎么能胜得过阿Q呢?我们处在了两难境地。如果您再诚实点儿,事情可能会更难办:人类是要消亡的,地球是要毁灭的,宇宙在走向热寂。我们的一切聪明和才智、奋斗和努力、好运和成功到底有什么价值?有什么意义?我们在走向哪儿?我们再朝哪儿走?我们的目的何在?我们的欢乐何在?我们的幸福何在?我们的救赎之路何在?我们真的已经无路可走真的已入绝境了吗?

是的,我们已入绝境。现在你就是对此不感兴趣都不行了,你想糊弄都糊弄不过去了,你曾经不是傻瓜,你如今再想也晚了,傻瓜从一开始就不对我们这个设计感兴趣,而你上了贼船,这贼船已入绝境,你没处可退也没处可逃。情况就是这样。现在我们只占着一项便宜,那就是死神还没驾到,我们还有时间想想对付绝境的办法,当然不是逃跑,当然你也跑不了。其他的办法,看看,还有没有。

过程。对,过程,只剩了过程。对付绝境的办法只剩它了。不信你可以慢慢想一想,什么光荣呀,伟大呀,天才呀,壮烈呀,博学呀,这个呀那个呀,都不行,都不是绝境的对手,只要你最最关心的是目的而不是过程你无论怎样都得落入绝境,只要你仍然不从目的转向过程你就别想走出绝境。过程——只剩了它了。事实上你唯一具有的就是过程。一个只想(只想!)使过程精彩的人是无法被剥夺的,因为死神也无法将一个精彩的过程变成不精彩的过程,因为坏运也无法阻挡你去创造一个精彩的过程,相反你可以把死亡也变成一个精彩的过程,相反坏运更利于你去创造精彩的过程。于是绝境溃败了,它必然溃败。你立于目的的绝境却实现着、欣赏着、饱尝着过程的精彩,你便把绝境送上了绝境。梦想使你迷醉,距离就成了欢乐;追求使你充实,失败和成功都是伴奏;当生命以美的形式证明其价值的时候,幸福是享受,痛苦也是享受。现在你说你是一个幸福的人你想你会说得多么自信,现在你对一切神灵鬼怪说谢谢你们给我的好运,你看看谁还能说不。

过程!对,生命的意义就在于你能创造这过程的美好与精彩,生命的价值就在于你能够镇静而又激动地欣赏这过程的美丽与悲壮。但是,除非你看到了目的的虚无你才能够进入这审美的境地,除非你看到了目的的绝望你才能找到这审美的救助。但这虚无与绝望难道不会使你痛苦吗?是的,除非你为此痛苦,除非这痛苦足够大,大得不可消灭大得不可动摇,除非这样你才能甘心从目的转向过程,从对目的的焦虑转向对过程的关注,除非这样的痛苦与你同在,永远与你同在,你才能够永远欣赏到人类的步伐和舞姿,赞美着生命的呼喊与歌唱,从不屈获得骄傲,从苦难提取幸福,从虚无中创造意义,直到死神和天使一起来接你回去,你依然没有玩儿够,但你却不惊慌,你知道过程怎么能有个完呢!过程在到处继续,在人间、在天堂、在地狱,过程都是上帝巧妙的设计。

但是我们的设计呢?我们的设计是成功了呢还是失败了?如果为了使你幸福,我们不仅得给你小痛苦,还得给你大痛苦,不仅得给你一时的痛苦,还得给你永远的痛苦,我们到底帮了你什么忙呢?如果这就算好运,我,比如说我——我的名字叫史铁生,这个叫史铁生的人又有什么必要弄这么一份"好运设计"呢?也许我现在就是命运的宠儿?也许我的太多的遗憾正是很有分寸的遗憾?上帝让我终生截瘫就是为了让我从目的转向过程,所以有那么一天我终于要写一篇题为《好运设计》的散文,并且顺理成章地推出了我的好运?多谢多谢。可我不，可我不！我真是想来世别再有那么多遗憾，至少今生能做做好梦！

我看出来了——我又走回来了，又走到本文的开头去了。我看出来了，如果我再从头开始设计我必然还是要得到这样一个结尾。我看出来了，我们的设计只能就这样了。我不知道怎么办了，不知道还能怎么办。上帝爱我！——我们的设计只剩这一句话了，也许从来就只有这一句话吧。

1990年2月27日

【思考题】

《好运设计》这篇文章写了什么内容？构思上有何特点？你读完后有何启发？

《好运设计》这篇文章是作者在自言自语、自问自答中勾勒出的关于理想人生的白日梦。作者先写了在背运的时候想走运有多么好，于是对来世进行好运设计：拥有聪明、漂亮和一副好身体，出生在普通知识分子家庭，在父母的关爱下成长，和喜欢的人终成眷属。总而言之，占尽了天时地利人和，所念皆如愿。然而，作者马上意识到如果"没有挫折，没有坎坷，没有望眼欲穿的企盼，没有撕心裂肺的煎熬，没有痛不欲生的痴癫与疯狂，没有万死不悔的追求与等待，当成功到来之时就不会有刻骨铭心的幸福"。痛苦和幸福是相伴相生的，痛苦可以让我们更深刻地体会到幸福，更珍惜所拥有的一切，就像张贤亮说的那样——"唯其有痛苦，幸福才更显出它的价值"。既然痛苦也是人生的一部分，那么好运设计中不设计痛苦是不可能的，但只能把痛苦设置为可以经过努力被消灭的。然而，你可以设计自己一生好运，却无法设计自己不死。一路"过关斩将"、所向披靡的永远的胜利者面对无法战胜的死亡时，内心一定是极痛苦、绝望的。因为他们之前从未遭遇过绝境，而死神的降临，让无往不胜的"胜利者"毫无心理准备地败下阵来。既然所有人的终点都是死亡，那么唯一不可剥夺的只有过程了。厄运无法阻挡你去创造一个精彩的过程，从过程中感受幸福，苦难也成了伴奏。

《好运设计》构思巧妙,作者没有直接把想要表达的中心思想和盘托出,而是在一连串的问题的引导下,让读者也设身处地地一起参与到好运设计中来,尽情享受着美妙的设计,一起感受设计中出现的困境,一起思考如何在困境中突围。

作者设计了一圈之后,又走回了本文的开头,发出"上帝爱我"的感慨。

老子《道德经》云:"故有无相生,难易相成,长短相形,高下相倾,音声相和,前后相随。"世界上的一切都是辩证统一的,在一定的条件下是相互转化的。福祸相依,就如太极图中黑色与白色相交相融、互生互动、稳定和谐地组成一幅美的图画,这本是生命的常态,就看我们能否参透其中奥妙。

作者从抱屈多年到一朝醒悟,"上帝爱我",才给我设计了这样的人生。接受命运的安排,活在当下,努力创造过程的精彩,生命的价值就在于欣赏这过程的美丽与悲壮。

第 5 课

《我的梦想》的三重境界：
见自我，见天地，见众生

　　上帝从来不对任何人施舍"最幸福"这三个
字，他在所有人的欲望前面设下永恒的距离，公平
地给每一个人以局限。

史铁生在《我的梦想》的开篇写因为自己身体残疾,所以梦想有刘易斯那样强健的身躯。他坦诚而热烈地倾诉着对刘易斯的欣羡,急切而肯定地宣告着自己的梦想:"若是有什么办法能使我变成他,我肯定不惜一切代价;如果我来世能有那样一个健美的躯体,今生这一身残病的折磨也就得到了足够的报偿。"

当这种欣羡和渴望渲染到无以复加的程度时,他笔锋一转,写刘易斯跑出了个人最好的成绩九秒九二,却还是输给了约翰逊,心里"难过极了",瞬间他对"幸福"的定义被粉碎了。感到痛苦往往是顿悟的开始。作者并未深陷于这不幸之中,而转入了对"幸福"定义的新思考中。

"上帝从来不对任何人施舍'最幸福'这三个字,他在所有人的欲望前面设下永恒的距离,公平地给每一个人以局限。"这段文字可谓奇崛警策,意味深长。

史铁生视刘易斯为偶像,其实刘易斯是他理想自我的投射。当他发现偶像原来也有局限时,瞬间清醒地透过"光环效应"的滤镜看清了人生的真相。人人都有其局限,或是物质的局限,或是肉身的局限,或是认知的局限……作为形体的生命,想要完美无缺、毫无局限是不可能的,亦如《庄子·逍遥游》中小到尘埃,大到大鹏,都有所待,有所局限。史铁生在《病隙碎笔》中也说:"人生来就有局限,人生来就是与人的局限周旋和较量。"

"局限"和"幸福"看似是背道而驰的,人们应该如何调和二者的关系呢?

"如果不能在超越自我局限的无尽路途上去理解幸福,那

么史铁生的不能跑与刘易斯的不能跑得更快就完全等同，都是沮丧与痛苦的根源。"(《我的梦想》)

结合史铁生在《给盲童朋友》中的话能更好地理解他的观点："生命就是这样一个过程，一个不断超越自身局限的过程，这就是命运，任何人都一样，在这个过程中我们遭遇痛苦，超越局限，从而感受幸福。"人人皆有局限，但每个人都能通过自身的努力，或不断缩小局限的范围，或转换角度，超越局限，拥抱一个更宽广、更丰富、更自由的世界，从而感受幸福。刘易斯等运动健儿们向着更快、更高、更强的目标迈进，不断超越局限，从而感受幸福。史铁生的身体囿于一辆轮椅，思想却可以驰骋天地；阿甘的智商只有75，却一步步跑出精彩人生。当命运给你一手坏牌时，请拿好，不弃牌，认清自己，找到有可为的方向前进，你依然可以超越局限，把一手坏牌打精彩。

然而，超越自我的刘易斯却没触碰到象征着幸福的红线，他超越了自我，但又被他人超越，那么自我超越到底有意义吗?

刘易斯拼尽全力，跑出了自己最佳的成绩，却发现还是被其他人超越，被记者抛弃、冷落，而他并不抛弃自己，在第二天依然跳出好成绩。世人弃我，而我不自弃，只与自己争高下，莫与他人论短长。自始至终，人应该和自己比较，而非和他人比较：如果把他人作为衡量自己幸福的标尺，那么你会丧失对自我的掌控感；拿他人的尺度量自己，永远不会获得幸福。

刘易斯也是领悟了奥林匹克精神的真谛的。我们在顾拜旦《庆祝奥林匹克运动复兴25周年》的演讲中了解到奥林匹克主义包括但又超越一般的体育比赛，它是增强体质、意志和精神并使之全面均衡发展的一种生活哲学。"他知道奥林匹斯山上的神火为何而燃烧，那不是为了一个人把另一个人战败，而是为了有机会向诸神炫耀人类的不屈，命定的局限尽可永在，不屈的挑战却不可须臾或缺。"

于是作者意识到:光有健美的躯体是远远不够的,再健美的身体也有其自身的局限,拼搏进取的精神更值得作者向往。所以他萌生出新的梦想:"我希望既有一个健美的躯体又有一个了悟了人生意义的灵魂,我希望二者兼得。"

行文至此,本可以告一段落,但故事的结局总是峰回路转。作者的思考也未停滞不前,依然向更深处漫溯。作者用冲淡的笔调将约翰逊服用兴奋剂、刘易斯的冠军失而复得的戏剧性结果一笔带过,重点放在约翰逊故乡的人们欢迎有过失的儿子回家的描述上。"难道我们不该对灵魂有了残疾的人,比对肢体有了残疾的人,给予更多的同情和爱吗?"作者紧接着用一个反问句将文章的立意推上了更高的境界。

约翰逊太渴望突破肉身的局限,这才用了不正当的方式跑出好成绩,他跑得太快,以至于灵魂被他抛到身后。这让我想到了《庄子·逍遥游》中的话:"瞽者无以与乎文章之观,聋者无以与乎钟鼓之声,岂唯形骸有聋盲哉?夫知亦有之。"即对于瞎子没法让他们欣赏花纹和色彩,对于聋子没法让他们聆听钟鼓的乐声。难道只是形骸上有聋和瞎吗?思想(精神)上也有聋和瞎啊!

约翰逊精神上的"局限"比肉体上的"局限"更可怕,更可悲。"难道我们不该对灵魂有了残疾的人,比对肢体有了残疾的人,给予更多的同情和爱吗?"一句饱含了作者的悲悯情怀。

至此,"我的梦想"的格局从囿于"小我"上升到"大我",从关注肉身上升到关照精神,完成了见自我、见天地、见众生三重境界的攀升。

见自我,要有直面自我局限的勇气,有敢于超越局限的魄力;见天地,要突破"小我"的局限,了解大道的规律,顺应规律；见众生，要达到无我的状态，对众生报之以理解、体谅与悲悯。

纵观史铁生的一生，他也经历了这三重境界。21岁那年，他的身体就被命运禁锢在轮椅上，在痛苦与绝望的淬炼中认识到自己的局限，先是以画彩蛋谋生，之后用写作撞开了一条生路，为自己找到了活下去的意义。

# 我的梦想

　　也许是因为人缺了什么就更喜欢什么吧，我的两条腿一动不能动，却是个体育迷。我不光喜欢看足球、篮球以及各种球类比赛，也喜欢看田径、游泳、拳击、滑冰、滑雪、自行车和汽车比赛，总之我是个全能体育迷。当然都是从电视里看，体育场馆门前都有很高的台阶，我上不去。如果这一天电视里有精彩的体育节目，好了，我早晨一睁眼就觉得像过节一般，一天当中无论干什么心里都想着它，一分一秒都过得愉快。有时我也怕很多重大比赛集中在一天或几天（譬如刚刚闭幕的奥运会），那样我会把其他要紧的事都耽误掉。

　　其实我是第二喜欢足球，第三喜欢文学，第一喜欢田径。我能说出所有田径项目的世界纪录是多少，是由谁保持的，保持的时间长还是短。譬如说男子跳远纪录是由比蒙保持的，二十年了还没有人能破；不过这事不大公平，比蒙是在地处高原的墨西哥城跳出这八米九〇的，而刘易斯在平原跳出的八米七二事实上比前者还要伟大，但却不能算世界纪录。这些纪录是我顺便记住的，田径运动的魅力不在于纪录，人反正是干不过上帝；但人的力量、意志和优美却能从那奔跑与跳跃中得以充分展现，这才是它的魅力所在。它比任何舞蹈都好看，任何舞蹈跟它比起来都显得矫揉造作甚至故弄玄虚。也许是我见过的舞蹈太少了。而你看刘易斯或者摩西跑起来，你会觉得他们是从人的原始中跑来，跑向无休止的人的未来，全身如风似水般滚动的肌肤就是最自然的舞蹈和最自由的歌。

我最喜欢并且羡慕的人就是刘易斯。他身高一米八八，肩宽腿长，像一头黑色的猎豹，随便一跑就是十秒以内，随便一跳就在八米开外，而且在最重要的比赛中，他的动作也是那么舒展、轻捷、富于韵律；绝不像流行歌星们的唱歌，唱到最后总让人怀疑这到底是要干什么。不怕读者诸君笑话，我常暗自祈祷上苍，假若人真能有来世，我不要求别的，只要求有刘易斯那样一副身体就好。我还设想，那时的人又会普遍比现在高了，因此我至少要有一米九以上的身材；那时的百米速度也会普遍比现在快，所以我不能只跑九秒九几。做小说的人多是白日梦患者。好在这白日梦并不令我沮丧，我是因为现实的这个史铁生太令人沮丧，才想出这法子来给他宽慰与向往。我对刘易斯的喜爱和崇拜与日俱增。相信他是世界上最幸福的人。我想若是有什么办法能使我变成他，我肯定不惜一切代价；如果我来世能有那样一个健美的躯体，今生这一身残病的折磨也就得到了足够的报偿。

奥运会上，约翰逊战胜刘易斯的那个中午我难过极了，心里别别扭扭别别扭扭的一直到晚上，夜里也没睡好觉。眼前老翻腾着中午的场面：所有的人都在向约翰逊欢呼，所有的旗帜和鲜花都向约翰逊挥舞，浪潮般的记者簇拥着约翰逊走出比赛场，而刘易斯被冷落在一旁。刘易斯当时那茫然若失的目光就像个可怜的孩子，让我一阵阵心疼。一连几天我都闷闷不乐，总想着刘易斯此时会怎样痛苦，不愿意再看电视里重播那个中午的比赛，不愿意听别人谈论这件事，甚至替刘易斯嫉妒着约翰逊，在心里找很多理由向自己说明还是刘易斯最棒；自然这全无济于事，我竟然比刘易斯还败得惨，还迷失得深重。这岂不是怪事吗？在外人看来这岂不是精神病吗？我慢慢去想其中的原因。是因为一个美的偶像被打碎了吗？如果仅仅是这样，我完全可以惋惜一阵再去树立起约翰逊嘛，约翰逊的雄姿并不比刘易斯逊色。是因为我这人太恋旧，骨子里太保守吗？可是我非常明白，后来者居上是最应该庆祝的事。或者是刘易斯没跑好让我遗憾？可是九秒九二是他最好的成绩。到底为什么呢？最后我知道了：我看见了所谓"最幸福的人"的不幸，刘易斯那茫然的目光使我的"最幸福"的定义动摇了继而粉碎了。上帝从来不对任何人施舍"最幸福"这三个字，他在所有人的欲望前面设下永恒的距离，公平地给每一个人以局限。如果不能在超越自我局限的无尽路途上去理解幸福，那么史铁生的不能跑与刘易斯的不能跑得更快就完全等同，都是沮丧与痛苦的根源。假若刘易斯不能懂得这些事，我相信，在前述那个中午，他一定是世界上最不幸的人。

在百米决赛的第二天，刘易斯在跳远决赛中跳出了八米七二，他是个好样的。看来他懂，他知道奥林匹斯山上的神火为何而燃烧，那不是为了一个人把另一个人战败，而是为了有机会向诸神炫耀人类的不屈，命定的局限尽可永在，不屈的挑战却不可须臾或缺。我不敢说刘易斯就是这样，但我希望刘易斯是这样，我一往情深地喜爱并崇拜这样一个刘易斯。

这样，我的白日梦就需要重新设计一番了。至少我不再愿意用我领悟到的这一切，仅仅去换一个健美的躯体，去换一米九以上的身高和九秒七九乃至九秒六九的速度，原因很简单，我不想在来世的某一个中午成为最不幸的人；即使人可以跑出九秒五九，也仍然意味着局限。我希望既有一个健美的躯体又有一个了悟了人生意义的灵魂，我希望二者兼得。但是，前者可以祈望上帝的恩赐，后者却必须在千难万苦中靠自己去获

176

取——我的白日梦到底该怎样设计呢？千万不要说，倘若二者不可兼得你要哪一个？不要这样说，因为人活着必要有一个最美的梦想。

后来得知，约翰逊跑出了九秒七九是因为服用了兴奋剂。对此我们该说什么呢？我在报纸上见了这样一条消息：他的牙买加故乡的人们说："约翰逊什么时候愿意回来，我们都会欢迎他，不管他做错了什么事，他都是牙买加的儿子。"这几句话让我感动至深。难道我们不该对灵魂有了残疾的人，比对肢体有了残疾的人，给予更多的同情和爱吗？

1988 年

## 【思考题】

（1）"第二喜欢足球，第三喜欢文学，第一喜欢田径"，为什么史铁生把足球排在文学之前？又为什么把第一放在第二、第三的后面？

史铁生少年时曾是运动健将，几乎喜欢所有的体育运动，尤其擅长80米跨栏。当年风华正茂、驰骋赛场的他却在21岁时遭受命运暴击，一场重病后，他的双腿彻底瘫痪。史铁生说："也许是因为人缺了什么就更喜欢什么吧，我的两条腿一动不能动，却是个体育迷。"可以说史铁生从小就很喜欢足球和田径，残疾之后仍对体育痴迷，这包含着他对于健康体魄的欣羡，对自由的向往。另外，把第一放在第二、第三的后面的原因是史铁生从第二节开始就要写与田径有关的事，所以把田径放在最后，自然而然地引出下文，且这样更强调田径是他第一喜欢的。

（2）史铁生为何以"我的梦想"为题？

这篇文章看似漫不经心地娓娓道来，仔细推敲却能发现内在逻辑井然。文章以"我的梦想"为线索，以从追梦到梦碎，继而萌生了新的梦想为文章的明线，情感上从喜欢到心痛，再到豁达、悲悯，是文章的暗线。梦想的层次由身体到灵魂，是由表及里；由自己到别人，是由此及彼；由一个人到一类人，是由特殊到一般。

| 我的梦想 | 梦想的具体内容 | 产生这个梦想的契机 |
| --- | --- | --- |
| 最初的梦想 | 一个健美的躯体 | 自己身体有残疾 |
| 后来的梦想 | 既有一个健美的躯体又有一个了悟了人生意义的灵魂 | 刘易斯短跑输给约翰逊,这并没有影响他第二天的跳远比赛 |
| 新的梦想(升华主题) | 关注灵魂有残疾的人,给予他们更多的同情和爱 | 约翰逊跑出了九秒七九是因为服用了兴奋剂,他故乡的人们却包容他 |

# 带着与作者"合著"的想法去读书

　　凭什么我总能写出小说来呢？凭什么那些适
合作小说的生活素材就总能送到一个截瘫者跟前
来呢？人家满世界跑都有枯竭的危险，而我坐在
这园子里凭什么可以一篇接一篇地写呢？

阅读和写作是语文学习的核心。叶圣陶先生说:"阅读是吸收,写作是倾吐。"(《叶圣陶语文教育论集》)周国平说:"阅读是与历史上的伟大灵魂交谈,写作是与自己的灵魂交谈,两者缺一不可。"(《人生哲思录》)诚然,阅读和写作有着紧密的联系。

　　然而学生在语文学习中常常把阅读和写作割裂开来。不少家长会告诉我他们家孩子喜欢读书,且读了很多书,可是阅读和写作能力还是上不去。其实原因在于这些孩子在阅读时只追求图书的内容梗概:只关注写了什么,但没有关注是怎么写的;只关注作者是怎么想的,没有自己的思考。

　　那么,如何在这二者间架起一座桥梁,让"天堑"也能变通途呢?

　　第一,要意识到作者是怎么写的往往比他写了什么更重要。阅读时要注意分析作品的结构和写作特色,每每遇到精彩的人物描写、环境描写,总要咀嚼再三,思考其妙处。同时,可以摘抄精彩的段落,积累语汇,这样对作文有很大的帮助。此外,还要了解作者的生平、写作背景,以便更好地理解作品,学习其构思和写作方法。

　　第二,所谓多读,不但要读得多,而且要注意消化吸收。既要用眼看,也要用脑想;既要积累,也要思考。单向度的阅读会让我们的大脑成为别人思想的跑马场:阅读时只有圈画,没有批注;只有赞同,没有质疑思辨;只窥一斑,而未见全豹。

　　第三,与心灵对话,用笔表达。通过文本与作者对话,了解作者的经历,设身处地站在作者的角度去感受作者的情感,与作者共情。除了和作者对话、文本对话,更要和自己的心灵对话,将作者和自己的世界连通。朱熹曾说:"学者读书,须要将圣贤言语,体之于身。"(《朱子读书法》)在阅读的过程中,提出问题,并联系自身经历,尝试回答这些问题。吴晗说:"读书是学习,摘抄是整理,写作是创造。"这三个步骤,层层递进,读进去了还不够,还得读出来,得带着与作者"合著"的想法去读书,举一反三,切记体察,诉诸笔端。写作,是阅读的深加工,是与心灵对话的过程,是整理自己思绪的方法。实践后你会发现,阅读触发了你的所思所想,你将所思所想形成的文字,又促使你阅读更多的书籍。这样在读和写之间来回切换,循环往复中阅读和写作的能力都得到螺旋式上升,你的精神世界会更加丰盈。

以下四篇文章,《命若琴弦》是我大学时阅读史铁生的作品后,联系自身经历写的一篇散文,借用了史铁生的小说《命若琴弦》的标题,表达自己的想法、观点。《播种善良》也是读史铁生作品有感,联系自己生活中遇到的人和事写的一篇散文。另外两篇是我以前的学生写的史铁生作品的阅读报告。希望为读者提供两种不同的读写结合的示例,抛砖引玉,激发更多的人将阅读和写作结合在一起——

# 命若琴弦

柳 旭

我拿起笔想写点东西的时候,往往是我痛苦的时候。

前几天,妈妈给我发短信,告诉我外婆差点没命了,幸好又抢救回来。外婆患尿毒症已经4年了,我读高三的时候,外婆查出患有尿毒症。我去医院看她,一看见她铁青的脸色、干枯的嘴唇,我就想哭,脑海里浮现的尽是昔日傍晚公园里拿着扇子、舞着剑，随着音乐跳着老年舞的外婆的身影。那时我快要高考了，同学们都鼓足干劲，力争上游，而我一到周末就跑市医院，去一次哭一次。我记得那间病房里还有一对母女。那个女孩刚好和我同一年参加高考，但她的母亲患了尿毒症，父母离异，为了照顾重病的母亲，她放弃了高考。过了一段时间，我再去医院的时候，那对母女已经搬走了，听妈妈说，他们支付不起医疗费，回老家了。我默然无语，突然感觉生命是如此厚重，血液透析的费用那么高昂，有钱的人可以用钱续命，没钱的人只能无奈地叹息。血透室里每隔一两天都有人死掉。命若琴弦，生命有时是那么步步惊心，是那么令人承受不起。我们家里至少还有点积蓄，外婆的这条命算是保住了。后来，凭我的努力和上天的佑护，我考上了还不错的学校，外婆也渐渐稳定下来，出院了，但还要一周三次做透析。家里的人都很高兴，觉得是双喜临门。我们都很乐观，也易于满足，我们觉得每时每刻都是幸运的，因为任何灾难的前面都可能再加一个"更"字。

风平浪静了好长一段时间，我们每个人都安安稳稳地生活着。前一天家庭聚餐，外婆还好好的，没有一丝疾病的征兆，过了两天突然半边瘫痪了，这可麻烦至极。家里的人都得上班赚钱，外公已是86岁的高龄，虽说他身体很好，但是要照顾瘫痪加尿毒症的外婆，却是吃不消的。请个人来照顾，又得多加一笔费用，况且外婆吃喝拉撒都不能自理，外人不一定能悉心照顾。外婆瘫痪的时候，我们正放暑假，我只照顾了外婆几天就开学了。权衡利弊之后，由在外地的姨妈来医院照顾外婆。

外婆得了尿毒症之后，双肾失灵，口渴得不行了才能喝点水，肚子却还胀得大大的。得了尿毒症加上半边瘫痪后，外婆整天就躺在床上。外公坐在床边，和外婆开玩笑："以前一天要去三趟公园，去跳舞、走路的人怎么走不动啦？想不想走路？"

外婆笑着点点头说"想"。"想不想去晒晒太阳?""想。""想不想跳舞?"外婆声音微弱却咯咯地笑着说:"想呢。"外公也笑着说:"等哪天稍微好转了,就扶着你走走,到处走走逛逛。"这一句句朴实的问答,带给我莫大的感动,就像窗外暖人的阳光一样充溢着勃勃的生命力,那是一种求生的渴望。当人生剥离浮华之后,就只剩下"活着"的盼头。史铁生说:"人的命就像这琴弦,拉紧了才能弹好,弹好了就够了。"(《命若琴弦》)心弦拉紧,人生便有了盼头,有了动力。无论如何都得活下去,就算是得了绝症,也不能在病魔面前束手就擒。

外婆现在的处境和史铁生很像,史铁生截瘫后患了尿毒症。在时不时地忧虑治疗费的情况下,外婆仍能坚强地活着,我觉得她真的不容易。

前几天,我正在图书馆自修,妈妈给我发了几条短信,我看完后泪水止不住地流。她说:差点见不到外婆了。缘由是虽然医生坚持一周要做三次透析,但外婆自己坚持一周只做两次透析。后来我才知道是钱支撑不住了。我知道后伤心极了,以前家里虽说不上富裕,但可以说丰衣足食,我从来不知道没钱是多么可怕的一件事。我远在他乡,无能为力,只能祈求佛祖保佑外婆病情好转。我们以前听惯了"寸金难买寸光阴"的古训,而现在我不再完全相信这句话了,因为现代文明驳倒了它。有钱的人可以坐飞机头等舱飞速地赶回家过年,没钱的人只能三四十个小时地挤在火车的角落里吃年夜饭。有钱的人和有点钱的人能够用钱续命,多增几度甚至几十度春秋,没钱的、钱少的人只能眼睁睁地、撕碎了心地看着亲人受罪,看着亲人慢慢地被病魔折磨。我常常流泪,尤其是看到亲人忍受痛苦的时候,我会心如刀绞。看到有人靠着终生透析康复的事例,我有时快要抓狂,心里极度喧嚣,透析的费用那么高昂,我既有决心，又有伤心，既有怜悯，又夹杂着一丝期盼。

因为外婆得了尿毒症，我才开始看史铁生的作品。我看他作品的时候往往没把他当作遥不可及的名人，而是把他当成了外婆的病友，看看他怎样体悟生与死，怎样禅意地过自己的生活，怎样悲悯地去看待生命。

史铁生走了，但给我们留下了那些宝贵的作品。生命是需要用信念、勇气和热烈的激情去呵护的。如此，当生命不能再续的时候，也会感觉到真正地满足了，那是一种精神的满足。

昨天晚上，妈妈爸爸和我视频聊天，爸爸高兴地告诉我，外婆在搀扶下能走动了，病情稳定了。我也挺开心的，回想起从患病到现在，外婆不仅喜滋滋地看到了我的大学录取通知书，两年之后，又看到了表弟的录取通知书，看到了舅舅的晋升，再过几年又会有多美的光景呢？我们全家一起努力着。

（原作发表于《新民晚报》大学生版，2011年10月27日，出版时有修订）

## 播种善良

柳　旭

读完史铁生的《来到人间》，我心里久久不能平静。脑海中时常回想起那个生来就患侏儒症的女孩，以及那对年轻父母的眼泪。一个无辜的生命，生来就被剥夺了做正常人的权利，等待她的将是无尽的苦难和挑战。后来，我又看了一部讲述面部有缺陷的小男孩如何重拾自信的电影——《奇迹男孩》，不禁泪目。《奇迹男孩》的译者雷淑容在电影同名小说文末附了一篇文章，题目叫《每个人心里都有个奥吉》。在这篇文章中，译者写自己生长的小山村中有一户人家生了一个傻儿子，译者的儿子在读《奇迹男孩》时便想到了自己的小学同学Q。

是啊，我们身边其实都有类似奥吉这样先天有残缺的人，我也想到了我曾遇到的学生。教师最该教学生的是善良。

## （一）

在Z校教书的时候，有一年我开了趣味成语活动课，活动课上的学生来自不同的班级。我发现坐在前排的一位戴眼镜的男孩在听我讲课时，会时不时地露出开心的笑容，那笑容纯净如雪花的飘落，我心想：一定是我说的某句话引起了他的共鸣，一定是我的微笑点燃了他的微笑，他一定很喜欢我的课吧。所以，在问答环节，我第一个请他起来回答问题，打算给他大展身手的机会。我本想，以他的专注，这个问题简直是小菜一碟。可万万没想到，他呆立在那儿，之前的笑容一扫而空，剩下满是局促不安的表情。我一步步给提示，给鼓励，然而还是寂静，寂静得连周围空气都变得尴尬。我只好示意他坐下，忽然，一个学生打破了寂静，就叫他小安吧，他大声说道："老师，你别理他。他是个傻子！"每个字都被他说得铿锵有力。"胡说！你知道这样讲话很没礼貌吗？"我朗声道。"老师，他真的是傻子，不信你问其他同学……"小安丝毫没意识到自己出口伤人，还在那儿不依不饶，说的话越来越糟。课后，我找小安的班主任说了这件事情，班主任批评了小安，但并不否认那个同学存在特殊情况。小安一脸不服气："我说的是实话！"

几年后我因工作调动，离开了这所学校，但脑海中还是时常会浮现出课堂上那个回答不出问题却有着灿烂的笑容的同学。

## （二）

在新的学校里，有一天我去邹老师的班级听课。我坐到最后一排，上课的过程中，有一个女孩也许是出于好奇转过头来看我，她很特别，戴着一副墨镜，皮肤泛红，有些皱巴巴的。我正纳闷，她转过头重新向前。就在她转身回头的一瞬间，我看到了墨镜下红彤彤的眼睑外翻的眼睛，心里着实一惊。

课堂上女孩起来回答问题，声音中带着些腼腆，但有条不紊地娓娓道来，像一株自信优雅的百合花。

下课后，我忍不住悄悄向邹老师打听女孩的情况。邹老师说，女孩生下来就没有汗腺，皮肤很容易过敏，眼睑外翻，很可怜，但是学习认真，成绩特别棒，而且性格很好。我松了一口气，因为如果老师们很喜欢她，那些调皮的学生多少有些忌惮，不会老是欺负她。可是，这样的孩子走出学校，步入社会，社会可不会温柔以待。一个正常健全的人，步入社会，尚且都要在职场摸爬滚打，和生活短兵相接，在爱情婚姻中也难免迷惘受伤……

对于这样的孩子而言，生活的痛苦和困难系数又得叠加好几倍。

正在我思绪万千的时候，那个女孩拿着练习册静静地排着队，等着老师批订正。旁边一位老师本也许出于好意，忽然对女孩说："你皮肤这样，到了夏天会很难受吧？你生下来就这样了？………"我真替女孩捏了一把汗，这些都是女孩的伤疤，都是不愿意被人提及、被人特意关心的。她应该没少得到这样的"关心"，大概委屈的泪水也早已流干，年纪尚小的她面对老师在众人面前的关心和询问，已经显得淡定从容。她语气和缓，简要的回答中流露出一丝羞怯，微微低下了头，尽量逃避众人灼热的目光。

史铁生曾说："一切人都有残疾，这种残疾指的是生命的困境，生命的局限，每个人都有局限。"（《一个作家的生命体验》）

有的人身体残疾,但精神健全;有的人身体健全,但精神残缺。《庄子·德充符》中有王骀、申徒嘉、叔山无趾、哀骀它、闉跂支离无脤、瓮㿒大瘿六位残者,他们或先天或后天残疾,精神却都居于常人之上,靠锤炼内心来实现德全。认识到一切人都有残疾,都有局限,就能意识到一切人都是平等的。

正如《奇迹男孩》这部电影中的经典台词所言:如果在正确和善良之间让你选择的话,你应该选择善良。有缺陷的孩子需要足够的勇气才会选择融入普通学校接受教育,无论是学生还是老师,面对这些孩子,最大的善意就是在公众场合不要区别对待,不要过度关心。有缺陷的孩子需要的不是同情,而是平等与尊重。尤其是老师,更要尊重他们,维护他们的自尊心,用爱心和善良呵护这些孩子,发现孩子的闪光点,及时鼓励表扬。这样其他的学生才会从"轻视"他们走向"帮助"他们,看到这些孩子的优点,理解、包容、接纳他们。

请给予他们最大的善意,他们会不断完善自我,创造生命的奇迹。

## 《我与地坛》读书报告

熊董倩

前些日子读完了史铁生的《我与地坛》,感触颇多。第一次接触到史铁生的文章是初中语文课本中的《秋天的怀念》。还记得母亲的那句:"听说北海的花儿都开了,我推着你去走走。"七年级的我初读文章,只不过觉得作者和母亲都是可怜人,为他们的遭遇感到难过。而如今,又一次在散文集《我与地坛》中看到这篇熟悉的文章,不禁有种老友会面的感慨。时隔良久，我仍然为母子俩的悲惨命运感到惋惜和痛苦，还平添了一份感同身受的意难平。于我而言，作者与母亲的形象不再是单薄的，而具有强烈的情感色彩。母亲的忧，儿子的怆，再到后来的悲与痛，浓烈得仿佛要冲出书本直捣我的心窝。许是先前听作者讲述了地坛的故事，再说母亲，我便也能与他共情了。

读完史铁生的《我与地坛》，我不仅读出了他对母亲深深的怀念，更读出了他对于苦难的更为深刻的理解。他说：只有想明白了死，才能更好地活下去。他对于苦难的态度和看法，值得我们每一个人学习和借鉴。

作者在自己21岁的时候双腿瘫痪，在人生最狂妄的时候忽地失去了双腿。在住院时，他与朋友聊天消磨时光，一心一意地把自己沉浸在书中，不知道光在何方。双腿残废的最初几年，他找不到工作，未来一片漆黑，望不到头。他一度很颓废，总是一个人跑去地坛。他将地坛作为自己的精神寄托，在那里逃避现实，一待就是一整天。

在他去往地坛的日子里，他开始思考生与死，用他自己的话来说就是曾"一连几小时专心致志地想关于死的事"。后来他慢慢发现，死是一个必然会降临的节日。一个人只要生下来，就必然会死。"一个人，出生了，这就不再是一个可以辩论的问题，而只是上帝交给他的一个事实；上帝在交给我们这件事实的时候，已经顺便保证了它的结果……"他忽然觉得，既然一个人不用着急就能死，那不妨活下来试试？所以，他开始安心思考如何活下去的问题。在关于如何让自己活下去这件事情上，他开始学着接受苦难，学着自我救赎。他用笔，给自己打开了一条全新的人生道路，最终战胜了苦难，勇敢地走了下去。

在书中，作者对于苦难的认知，从刚开始的逃避，到后来的接受，我认为可以总结出三点关于面对苦难的建议和方法：

一、想清楚生死的本质；二、接受苦难；三、找到自我救赎之路。这三点是互相推进的关系：想明白生死的本质，才知道为什么自己要活下去；既然能坦然接受生死大事，便应回归现实，面对苦难；在苦难之中找到自我救赎之路，并通过自我救赎寻找活着的价值与意义，不断超越自己，成就自我。

有人说，史铁生把死看透了，其实不如说他看得更透的是生，是活着。看透了死，可以是纵身一跃、动脉一划，甚至什么都不需要，只是一口利齿便可以了结此生。只有看透死的同时，把活也看透了，也许才会好好地活。是的，也确该如此。

活着就有苦难，有不甘，当然也有美好与向往。在史铁生的文字里，我仔仔细细地看，每一页的字缝里都藏着向往呢："那一天，我也将沉静着走下山去，扶着我的拐杖。有一天，在某一处山洼里，势必会跑上来一个欢蹦的孩子，抱着他的玩具。"史铁生思考着生与死，而时间在镌刻了美好与向往的同时也揭示了苦难与不甘的存在。

再谈谈我对文中描写母亲片段的文字的一些感悟。

"那时她的儿子还太年轻，还来不及为母亲想，他被命运击昏了头，一心以为自己是世上最不幸的一个，不知道儿子的不幸在母亲那儿总是要加倍的。她有一个长到二十岁上忽然截瘫了的儿子，这是她唯一的儿子；她情愿截瘫的是自己而不是儿子，可这事无法代替；她想，只要儿子能活下去哪怕自己去死呢也行……"这些朴实而又动人的话直戳我的内心，母爱的伟大与无私震撼着我。人们常说，一个人的痛苦分给两个人来承担，那么，这种痛苦会减少一半。而对于母子二人来说，儿子的痛苦分给母亲，母亲就会加倍地痛苦，她情愿截瘫的是自己而不是儿子，她情愿儿子能活下去而自己去死也行。儿子是她的唯一，儿子是她的至爱，儿子的重要已远远超过了她的生命。

这样的母亲, 忧心忡忡, 心力交瘁, 注定是活得最苦、最累的, 也正是这种艰辛与苦累铸就了母亲的伟大和崇高, 母爱闪烁出动人的光辉。

读《我与地坛》时我的内心是颤动的, 而合上书后, 我的内心却无比的平静。我喜欢史铁生那细腻的笔触与娓娓道来的口吻, 没有华丽隽永的文字, 没有过分的情感喷涌, 没有风花雪月的过度渲染, 有的只是透过文字便可以让读者们感同身受的人与事。作者用一种淡然的语气诉说着地坛里的种种, 诉说着里头的落日, 诉说着里头的老树, 诉说着里头的是是非非。他看到一对相濡以沫的老夫妻, 看到那个热爱唱歌的小伙子, 看到常年练习跑步的同龄人, 看到那个不幸失聪的小姑娘, 他就像是这个园子的见证者。

许是明白了生死, 熬过了伤病, 参悟了人生, 现在的史铁生已没了往日的愤恨与绝望, 而有了看透世俗的坦然与从容。这样的淡泊便渗透在他的文笔中, 反映出作者过尽千帆后的睿智与哲思, 流露出温情爱意。

《我与地坛》中处处都是人生哲理, 史铁生赞扬伟大的母爱, 引发读者思考生死的本质, 他的文字更多的是以润物细无声的方式让这些情感在我心中生了根, 发了芽。就像重读《秋天的怀念》一样, 将来我重读《我与地坛》时也一定会有新的感悟。

# 《我与地坛》阅读报告

刘羽轩

瘫痪之后, 史铁生常去地坛, 观景、观人、读书、思考、写作。在地坛, 他看到了朝阳与晚霞; 看到了四季变迁, 花开花落; 看到了不同的命运，百态的人生。他在园内静谧的角落读书、思考、写作，思人生，思命运，思真理，将一切所见所思悄然熔铸在他的写作中，也逐步为自己瘫痪后的生命寻获意义。就这样，数年如一日，地坛于他渐渐有了独一无二的含义，承载了他众多的回忆与哲思，更折射出他的人生，他的思想。而所有这一切，在《我与地坛》这篇散文中，得到了集中的体现——或许不是完全的体现。这些思考和描写，立体而丰厚，引人深思。

他的生命，与地坛有着紧密的联系。地坛这片古园也有过昔日的辉煌：它曾是明清两朝帝王祭祀"皇地祇神"的场所，同那至高无上的威严皇权紧密相连。此后历经战乱，它渐遭冷落，"剥蚀了古殿檐头浮夸的琉璃，淡褪了门壁上炫耀的朱红，坍圮了一段段高墙又散落了玉砌雕栏"，渐渐荒芜冷落得如一片野地，为人们所遗忘。然而，地坛看似荒芜，却并不破败："祭坛四周的老柏树愈见苍幽，到处的野草荒藤也都茂盛得自在坦荡"，清晨时露珠在草叶上滚动聚集，春天草木竞相生长的不息响动，还有飞舞、疾行、歌唱的小昆虫……表象之下，蕴藏着勃勃的生机活力。这同史铁生的生命历程有了相似之处，亦与他的生命产生了独特的关联：他"活到最狂妄的年龄上忽地残废了双腿"，而地坛"为一个失魂落魄的人把一切都准备好了"。他在这片冷落的古园中，寻觅到了可以逃避这个世界的另一个世界。正若荒芜的地坛并不破败，残疾摧残了他的命运，但没有摧残他的精神和人格——他以创作的形式为不完满的生命寻觅了意义，恰若废土上一朵盛开的鲜花，在无边的黑暗中为世界赋予了色彩。

他不忘记写自己的母亲。在初中课文《秋天的怀念》中，我们曾对这位母亲有过了解。在双腿刚刚瘫痪的那段日子里，史铁生自暴自弃，当时已经病重的母亲，强忍病痛和儿子瘫痪的痛苦，不遗余力地照料他、关心他。在史铁生前往地坛的时候，她心神不定，坐卧难宁，兼着痛苦与惊恐，担忧史铁生的安危，却从未对儿子的外出有过丝毫的阻拦——她不仅疼爱儿子，更理解儿子命运的不幸。当儿子在地坛待得太久时，她总是拖着病痛的身躯，一次次苦苦寻觅，将脚步留在了地坛的每一个角落。她为儿子做的，不过是一件件再寻常不过的小事，然而正是这一件件小事，使这位坚强而伟大的母亲的形象愈显崇高。难以想象，在那些日子里，她内心曾有过多少矛盾，曾经历了多少艰辛的斗争、多少纠结的抉择。她并非不知道她做出那个不阻止儿子离去的抉择之后果：她将独自一人，默默忍受生理和心理上双重的痛苦和折磨。她本可以减轻这种痛苦，然而为了儿子，她仍然毅然做出了选择。她是个敏感的人，这种苦难对她的折磨可能要大于常人，能支撑她做出这种决断的唯一力量即是爱——对儿子的爱，一种朴素的亲情，这爱又因深切的理解、毅然的抉择、苦难的承受而显得更为崇高。这位母亲在49岁即离开了人世，在史铁生成名前离去了，仿佛"来此世上只是为了替儿子担忧，却不该分享我的一点点快乐"。这是真实发生在人间的伟大悲剧，着实令人扼腕叹息。史铁生在文中表达了对母亲的深切怀念和最高敬意，以及对当年未能理解母亲、感念母亲的深深惋惜和悔恨。

他细细观察那些常来地坛的人，观十五年荏苒岁月中那些人生命的喜怒哀乐。一个日日高歌的小伙子、一个有着卓尔不群饮酒情状的老人、一个每日路过园中的气质朴素而优雅的女工程师、一个单等一种过去很多而现在罕见的鸟的捕鸟汉子，以及在"文革"中被埋没的一个有天赋的长跑家……他们不同的命运、不同的经历，在史铁生的眼中有了交互。我不知史铁生对他们的人生有何评价：是羡慕，是敬佩，还是惋惜？但不论如何，我相信这些百态的人生，一定成为史铁生生命哲思的基石。不过，这些人，最终都成了史铁生生命中的匆匆过客。十五年中，仅有的和史铁生一样坚持到这园子来的人，便是一对夫妻。在这十五年间，他们自中年迈向暮年，而史铁生也从那个年轻的小伙子变为中年人。十五年间，祭坛依旧岿然不动地耸立；十五年间，草木依旧生生不息。虽然这些事物也终将在时光的长河中流逝，但相比之下，人的生命或许正是时光冲蚀下最脆弱的事物。

在描写他人时，史铁生为一个小女孩专写了一整章。初见时，那女孩大约三岁，天真地捡着大栾树的落花；几年未见后，那女孩长成一个漂亮的少女，然而他却终于发现，那女孩竟是个弱智——清秀的面庞上，她的"双眸迟滞没有光彩"。"上帝把漂亮和弱智这两样东西都给了这个小姑娘"，苦难与美好，恰如一枚硬币的两面，相依相生。世界上很多东西都是如此：战火纷飞的年代里有革命者持着最崇高的理想，安宁和平的时代中有野心家意欲亮出屠刀。人性也永远有其两面性：欲望存在一天，人性中的恶就存在一天，人性中的善也存在一天——并不是说欲望本身是一种"恶"或者"善"，人的欲望很复杂，不可一概而论，甚至相同的欲望也会带来不同的价值判断——对生存的欲望可以使一个人杀害自己的同类，也可以使一个人向他人伸出合作之手。我们所信奉的真理，并非绝对正确：简明的牛顿力学定律似乎完美地解释了运作的万物，然而相对论的研究最终证实了牛顿力学在研究非低速宏观物体时并不可靠——真理总是在实践和研究中被不断完善的。

史铁生发出灵魂拷问："假如世界上没有了苦难，世界还能够存在吗？要是没有愚钝，机智还有什么光荣呢？要是没了丑陋，漂亮又怎么维系自己的幸运？要是没有了恶劣和卑下，善良与高尚又将如何界定自己又如何成为美德呢？要是没有了残疾，健全会否因其司空见惯而变得腻烦和乏味呢？我常梦想着在人间彻底消灭残疾，但可以相信，那时将由患病者代替残疾人去承担同样的苦难。如果能够把疾病也全数消灭，那么这份苦难又将由（比如说）相貌丑陋的人去承担了。就算我们连丑陋，连愚昧和卑鄙和一切我们所不喜欢的事物和行为，也都可以统统消灭掉，所有的人都一样健康、漂亮、聪慧、高尚，结果会怎样呢？怕是人间的剧目就全要收场了，一个失去差别的世界将是一潭死水，是一块没有感觉也没有肥力的沙漠。"先就消灭残疾和疾病的角度而言——随着生物科技的进步，先天性的残疾和缺陷完全有可能在出生前就被消除，对于那些生来就有着生理缺陷的不幸者而言，这绝对是个重大的福音，对于截瘫的史铁生而言亦是如此。然而，坚信苦难有其存在的必要性的他，并非站在一个残疾人的角度，而是站在全社会乃至整个人类文明的角度看问题：苦难和歧视向其他人群的转移，一致的完美带来的一致的单调……但是，我们有权利要求每一个残疾人接受命运的安排，在社会有能力为他们消除生理上的缺陷时，为了"让世界能够'存在'"而拒绝他们，让他们承受这种缺陷带来的生活上的不便而痛苦吗？史铁生或许很高尚，但没有人有权利要求每个人都如此高尚。至少，我本人是那种愿意"为消灭种种苦难而奋斗，并为此享有崇高与骄傲"的人，我也相信绝大多数人都是愿意为消除苦难而奋斗的人，因为人天生有恻隐之心，我们无法接受自己在他人处于苦难时无动于衷。

但是，愿意消除苦难并不代表我们会彻底消除一切苦难。我们能将苦难消除到何等地步，以达到一个可能存在的绝佳平衡点，又是个重大的问题，可以说是生物学、社会学和政治学的问题，甚至可以说是哲学的问题。或许将来我们会消除饥饿，会消除愚昧，会消除贫困，会消除疾病，但我们是否会再进一步消除丑陋？是否又将消除卑鄙？是否又会将人性中一切被认作是"恶"的事物统统消除？一个人是否饥饿能通过生理上的计算得出，一个人是否贫困能通过经济学上的计算得出，一个人是否生病可以通过医学上的检测得出，一个人是否愚昧可以通过对他的测试得出，但我们将如何界定一个人是否丑陋，是否卑鄙，如何界定人性中究竟什么是"恶"呢？如果我们要消除丑陋、卑鄙和人性之"恶"，执行过程中会不会不择手段，走向极端，带来新的苦难呢？如果我们真的将一切苦难都消除了，社会是会犹如史铁生所言成为一潭死水，还是会由于苦难的彻底消除而使人类得以毫无顾虑、自由自在地去探索、追寻真理和美呢？可见，在消除苦难这个宏大的命题中，有很多值得思索的小问题。当人类处于真正要思考这些问题的阶段时，科学技术和社会形态或许已同今日截然不同，当下我们的决断或许就像一千年前的古人对科技妄下定论一样荒谬。我想，这些问题应该交由我们的子孙后代去考虑，交由那时候的人类社会去思考辩驳，不应强求当下的人们给出答案，也无须批驳当下的人们在时代局限性下的认知。

再回到文章本身。谈论完时光，谈论完人生，谈论完苦难，史铁生开始谈论自己对于生命的认知——这亦是这位屡遭磨难的、轮椅上的哲人常常思索的话题。他开始考虑生与死：因何而活，怎样而活——为写作而活着，还是为活着而写作？这必然谈到生命的根源。"人真正的名字叫作：欲望。"欲望源自何方？我想，一切欲望的根基，是对生存的追求——这源自人的本性，也是一切生命体的本性，甚至可能是宇宙中普适的法则，恰如生命体的"出厂设置"。有了对生存的追求，欲望就在需求的金字塔上一路攀登，继而有了对死亡的恐惧（因而，"消灭恐慌最有效的方法就是消灭欲望"），有了对安全的向往，一层层构建起欲望的大厦，也构建起善恶兼具的人性（因而，"消灭人性的最有效的办法也是消灭欲望"）。然而，这欲望之塔上，有时还会生长出同其根基——生存——截然相反的事物。古往今来无数的舍生取义者，为了心中崇高的道义而不惜献出生命，换取道义的达成和完满；在苦难的重压下走向自杀的人，为摆脱那些他们认知中高于死亡的痛苦，而了结自己的生命。上述两类人或许不能相提并论，然而他们却有着共同点：通过放弃生存以换取他们看来相较生存更为重要的事物。生而为人，潜意识里有个高高在上的声音告诉我们要生存下去，一切都应当为生存及更好的生存而服务，基于此我们开始追求生存以及基于生存的更高需求。可是人有思想，人类不会一味听从那个声音的指引，人类会思考生存的意义究竟何在，并因此而痛苦，甚至陷入虚无主义的泥潭。但是在欲望的驱动下，人又再度为虚无赋予意义，并开始为这些意义，而非生存本身而活，因之人类有了科学、文学、艺术，它们又让人类的生存变得更好。所有这一切缠绕在一起，构成了一个重大的哲学议题，引发人类永远的思考，从个体层面上升至集体层面，乃至上升至全人类的文明，乃至有了"给文明以岁月"还是"给岁月以文明"的思考。古今中外的哲人都曾苦苦思索和追寻上述问题的答案，而每一个普通人也终有一天会走到思考这些问题的境界。或许人终其一生都无法真正找到这些问题的答案，但它仍然值得我们去探寻、去思考——在这一过程中，我们获取了心灵的充实。

在《我与地坛》中，史铁生也探寻生与死的本质。"宇宙以其不息的欲望将一个歌舞炼为永恒。这欲望有怎样一个人间的姓名，大可忽略不计。"人从出生的那一天起就在向着坟墓走去，死亡是命中注定的必然。人类生活在宏大宇宙中沙砾般渺小的一颗星球上，蜉蝣般朝生暮死，将一切的孤注一掷、一切的不择手段、一切的勇毅、一切的顽强、一切的热爱倾注在短短的数十年内，倾注在生命长度只有一颗普通恒星寿命的百亿分之一的岁月中，即便能够留下超越生命本身的"不朽"思想和奇观，这种不朽和永远依旧和短暂的一瞬别无二致。"但是太阳，它每时每刻都是夕阳也都是旭日。当它熄灭着走下山去收尽苍凉残照之际，正是它在另一面燃烧着爬上山巅布散烈烈朝晖之时。那一天，我也将沉静着走下山去，扶着我的拐杖。有一天，在某一处山洼里，势必会跑上来一个欢蹦的孩子，抱着他的玩具。当然，那不是我。但是，那不是我吗？"生命是否存在着某种轮回？我不知道，但可以肯定的是，人类将一代代生存、繁衍下去，一个个个体将把自己有限的生命熔铸在文明的巨轮中，终有一天，这艘文明的巨轮将真正启航，驶向远方的彼岸，触及真正意义上的不朽。虽然我们看不到那一天的文明，但我们也定将为那一天的文明作出贡献，那一天的文明也定将承载我们的精神和意志。

《我与地坛》带给我们对生命、人生和文明的思考，这些思考将作为永远的议题延续下去。这正是这部经典之作的伟大之处，在平凡的生活中思考不平凡的哲理，在有限的生命中思考永恒的文明……

# 我与地坛

## 一

我在好几篇小说中都提到过一座废弃的古园,实际就是地坛。许多年前旅游业还没有开展,园子荒芜冷落得如同一片野地,很少被人记起。

地坛离我家很近。或者说我家离地坛很近。总之,只好认为这是缘分。地坛在我出生前四百多年就坐落在那儿了,而自从我的祖母年轻时带着我父亲来到北京,就一直住在离它不远的地方——五十多年间搬过几次家,可搬来搬去总是在它周围,而且是越搬离它越近了。我常觉得这中间有着宿命的味道:仿佛这古园就是为了等我,而历尽沧桑在那儿等待了四百多年。

它等待我出生,然后又等待我活到最狂妄的年龄上忽地残废了双腿。四百多年里,它一面剥蚀了古殿檐头浮夸的琉璃,淡褪了门壁上炫耀的朱红,坍圮了一段段高墙又散落了玉砌雕栏,祭坛四周的老柏树愈见苍幽,到处的野草荒藤也都茂盛得自在坦荡。这时候想必我是该来了。十五年前的一个下午,我摇着轮椅进入园中,它为一个失魂落魄的人把一切都准备好了。那时,太阳循着亘古不变的路途正越来越大,也越红。在满园弥漫的沉静光芒中,一个人更容易看到时间,并看见自己的身影。

自从那个下午我无意中进了这园子,就再没长久地离开过它。我一下子就理解了它的意图,正如我在一篇小说中所说的:"在人口密聚的城市里,有这样一个宁静的去处,像是上帝的苦心安排。"

两条腿残废后的最初几年,我找不到工作,找不到去路,忽然间几乎什么都找不到了,我就摇了轮椅总是到它那儿去,仅为着那儿是可以逃避一个世界的另一个世界。我在那篇小说中写道:"没处可去我便一天到晚耗在这园子里。跟上班下班一样,别人去上班我就摇了轮椅到这儿来。""园子无人看管,上下班时间有些抄近路的人们从园中穿过,园子里活跃一阵,过后便沉寂下来。""园墙在金晃晃的空气中斜切下一溜阴凉,我把轮椅开进去,把椅背放倒,坐着或是躺着,看书或者想事,撅一权树枝左右拍打,驱赶那些和我一样不明白为什么要来这世上的小昆虫。""蜂儿如一朵小雾稳稳地停在半空;蚂蚁摇头晃脑捋着触须,猛然间想透了什么,转身疾行而去;瓢虫爬得不耐烦了,累了,祈祷一回便支开翅膀,忽悠一下升空了;树干上留着一只蝉蜕,寂寞如一间空屋;露水在草叶上滚动,聚集,压弯了草叶轰然坠地摔开万道金光。""满园子都是草木竞相生长弄出的响动,窸窸窣窣窸窸窣窣片刻不息。"这都是真实的记录,园子荒芜但并不衰败。

除去几座殿堂我无法进去,除去那座祭坛我不能上去而只能从各个角度张望它,地坛的每一棵树下我都去过,差不多它的每一米草地上都有过我的车轮印。无论是什么季节,什么天气,什么时间,我都在这园子里待过。有时候待一会儿就回家,有时候就待到满地上都亮起月光。记不清都是在它的哪些角落里了,我一连几小时专心致志地想关于死的事,也以同样的耐心和方式想过我为什么要出生。这样想了好几年，最后事情终于弄明白了：一个人，出生了，这就不再是一个可以辩论的问题，而只是上帝交给他的一个事实；上帝在交给我们这件事实的时候，已经顺便保证了它的结果，所以死是一件不必急于求成的事，死是一个必然会降临的节日。这样想过之后我安心多了，眼前的一切不再那么可怕。比如你起早熬夜准备考试的时候，忽然想起有一个长长的假期在前面等待你，你会不会觉得轻松一点儿，并且庆幸并且感激这样的安排？

剩下的就是怎样活的问题了。这却不是在某一个瞬间就能完全想透的，不是能够一次性解决的事，怕是活多久就要想它多久了，就像是伴你终生的魔鬼或恋人。所以，十五年了，我还是总得到那古园里去，去它的老树下或荒草边或颓墙旁，去默坐，去呆想，去推开耳边的嘈杂理一理纷乱的思绪，去窥看自己的心魂。十五年中，这古园的形体被不能理解它的人肆意雕琢，幸好有些东西是任谁也不能改变它的。譬如祭坛石门中的落日，寂静的光辉平铺的一刻，地上的每一个坎坷都被映照得灿烂；譬如在园中最为落寞的时间，一群雨燕便出来高歌，把天地都叫喊得苍凉；譬如冬天雪地上孩子的脚印，总让人猜想他们是谁，曾在那儿做过些什么，然后又都到哪儿去了；譬如那些苍黑的古柏，你忧郁的时候它们镇静地站在那儿，你欣喜的时候它们依然镇静地站在那儿，它们没日没夜地站在那儿从你没有出生一直站到这个世界上又没了你的时候；譬如暴雨骤临园中，激起一阵阵灼烈而清纯的草木和泥土的气味儿，让人想起无数个夏天的事件；譬如秋风忽至，再有一场早霜，落叶或飘摇歌舞或坦然安卧，满园中播散着熨帖而微苦的味道。味道是最说不清楚的，味道不能写只能闻，要你身临其境去闻才能明了。味道甚至是难于记忆的，只有你又闻到它你才能记起它的全部情感和意蕴。所以我常常要到那园子里去。

二

现在我才想到,当年我总是独自跑到地坛去,曾经给母亲出了一个怎样的难题。

她不是那种光会疼爱儿子而不懂得理解儿子的母亲。她知道我心里的苦闷,知道不该阻止我出去走走,知道我要是老待在家里结果会更糟,但她又担心我一个人在那荒僻的园子里整天都想些什么。我那时脾气坏到极点,经常是发了疯一样地离开家,从那园子里回来又中了魔似的什么话都不说。母亲知道有些事不宜问,便犹犹豫豫地想问而终于不敢问,因为她自己心里也没有答案。她料想我不会愿意她跟我一同去,所以她从未这样要求过,她知道得给我一点独处的时间,得有这样一段过程。她只是不知道这过程得要多久,和这过程的尽头究竟是什么。每次我要动身时,她便无言地帮我准备,帮助我上了轮椅车,看着我摇车拐出小院,这以后她会怎样,当年我不曾想过。

有一回我摇车出了小院,想起一件什么事又反身回来,看见母亲仍站在原地,还是送我走时的姿势,望着我拐出小院去的那处墙角,对我的回来竟一时没有反应。待她再次送我出门的时候,她说:"出去活动活动,去地坛看看书,我说这挺好。"许多年以后我才渐渐听出,母亲这话实际上是自我安慰,是暗自的祷告,是给我的提示,是恳求与嘱咐。只是在她猝然去世之后,我才有余暇设想,当我不在家里的那些漫长的时间,她是怎样心神不定坐卧难宁,兼着痛苦与惊恐与一个母亲最低限度的祈求。现在我可以断定,以她的聪慧和坚忍,在那些空落的白天后的黑夜,在那不眠的黑夜后的白天,她思来想去最后准是对自己说:"反正我不能不让他出去,未来的日子是他自己的,如果他真的要在那园子里出了什么事,这苦难也只好我来承担。"在那段日子里——那是好几年长的一段日子,我想我一定使母亲做过最坏的准备了,但她从来没有对我说过:"你为我想想。"事实上我也真的没为她想过。那时她的儿子还太年轻,还来不及为母亲想,他被命运击昏了头,一心以为自己是世上最不幸的一个,不知道儿子的不幸在母亲那儿总是要加倍的。她有一个长到二十岁上忽然截瘫了的儿子,这是她唯一的儿子;她情愿截瘫的是自己而不是儿子,可这事无法代替;她想,只要儿子能活下去哪怕自己去死呢也行,可她又确信一个人不能仅仅是活着,儿子得有一条路走向自己的幸福,而这条路呢,没有谁能保证她的儿子终于能找到。——这样一个母亲,注定是活得最苦的母亲。

有一次与一个作家朋友聊天,我问他学写作的最初动机是什么? 他想了一会儿说:"为我母亲。为了让她骄傲。"我心里一惊,良久无言。回想自己最初写小说的动机,虽不似这位朋友的那般单纯,但如他一样的愿望我也有,且一经细想,发现这愿望也在全部动机中占了很大比重。这位朋友说:"我的动机太低俗了吧?"我光是摇头,心想低俗并不见得低俗,只怕是这愿望过于天真了。他又说:"我那时真就是想出名,出了名让别人羡慕我母亲。"我想,他比我坦率。我想,他又比我幸福,因为他的母亲还活着。而且我想,他的母亲也比我的母亲运气好,他的母亲没有一个双腿残废的儿子,否则事情就不这么简单。

在我的头一篇小说发表的时候,在我的小说第一次获奖的那些日子里,我真是多么希望我的母亲还活着。我便又不能在家里待了,又整天整天独自跑到地坛去,心里是没头没尾的沉郁和哀怨,走遍整个园子却怎么也想不通:母亲为什么就不能再多活两年？为什么在她的儿子就快要碰撞开一条路的时候，她却忽然熬不住了？莫非她来此世上只是为了替儿子担忧，却不该分享我的一点点快乐？她匆匆离我去时才只有四十九岁呀！有那么一会儿，我甚至对世界对上帝充满了仇恨和厌恶。后来我在一篇题为《合欢树》的文章中写道："坐在小公园安静的树林里，我闭上眼睛，想：上帝为什么早早地召母亲回去呢？很久很久，迷迷糊糊地，我听见回答：'她心里太苦了。上帝看她受不住了，就召她回去。'我似乎得到一点安慰，睁开眼睛，看见风正在树林里吹过。"小公园，指的也是地坛。

只是到了这时候，纷纭的往事才在我眼前幻现得清晰，母亲的苦难与伟大才在我心中渗透得深彻。上帝的考虑，也许是对的。

摇着轮椅在园中慢慢走，又是雾罩的清晨，又是骄阳高悬的白昼，我只想着一件事：母亲已经不在了。在老柏树旁停下，在草地上在颓墙边停下，又是处处虫鸣的午后，又是鸟儿归巢的傍晚，我心里只默念着一句话：可是母亲已经不在了。把椅背放倒，躺下，似睡非睡挨到日没，坐起来，心神恍惚，呆呆地直坐到古祭坛上落满黑暗然后再渐渐浮起月光，心里才有点明白：母亲不能再来这园中找我了。

曾有过好多回，我在这园子里待得太久了，母亲就来找我。她来找我又不想让我发觉，只要见我还好好地在这园子里，她就悄悄转身回去，我看见过几次她的背影。我也看过见几回她四处张望的情景，她视力不好，托着眼镜像在寻找海上的一条船；她没看见我时我已经看见她了，待我看见她也看见我了我就不去看她，过一会儿我再抬头看她就又看见她缓缓离去的背影。我单是无法知道有多少回她没有找到我。有一回我坐在矮树丛中，树丛很密，我看见她没有找到我，她一个人在园子

205

里走,走过我的身旁,走过我经常待的一些地方,步履茫然又急迫。我不知道她已经找了多久还要找多久,我不知道为什么我决意不喊她——但这绝不是小时候的捉迷藏,这也许是出于长大了的男孩子的倔强或羞涩?但这倔强只留给我痛悔,丝毫也没有骄傲。我真想告诫所有长大了的男孩子,千万不要跟母亲来这套倔强,羞涩就更不必,我已经懂了可我已经来不及了。

儿子想使母亲骄傲,这心情毕竟是太真实了,以致使"想出名"这一声名狼藉的念头也多少改变了一点形象。这是个复杂的问题,且不去管它了罢。随着小说获奖的激动逐日暗淡,我开始相信,至少有一点我是想错了:我用纸笔在报刊上碰撞开的一条路,并不就是母亲盼望我找到的那条路。年年月月我都到这园子里来,年年月月我都要想母亲盼望我找到的那条路到底是什么。母亲生前没给我留下过什么隽永的哲言,或要我恪守的教诲,只是在她去世之后,她艰难的命运、坚忍的意志和毫不张扬的爱,随光阴流转,在我的印象中愈加鲜明深刻。

有一年,10月的风又翻动起安详的落叶,我在园中读书,听见两个散步的老人说:"没想到这园子有这么大。"我放下书,想,这么大一座园子,要在其中找到她的儿子,母亲走过了多少焦灼的路。多年来我头一次意识到,这园中不单是处处都有过我的车辙,有过我的车辙的地方也都有过母亲的脚印。


三


如果以一天中的时间来对应四季,当然春天是早晨,夏天是中午,秋天是黄昏,冬天是夜晚。如果以乐器来对应四季,我想春天应该是小号,夏天是定音鼓,秋天是大提琴,冬天是圆号和长笛。要是以这园子里的声响来对应四季呢?那么,春天是祭坛上空漂浮着的鸽子的哨音，夏天是冗长的蝉歌和杨树叶子哗啦啦地对蝉歌的取笑，秋天是古殿檐头的风铃响，冬天是啄木鸟随意而空旷的啄木声。以园中的景物对应四季，春天是一径时而苍白时而黑润的小路，时而明朗时而阴晦的天上摇荡着串串杨花；夏天是一条条耀眼而灼人的石凳，或阴凉而爬满了青苔的石阶，阶下有果皮，阶上有半张被坐皱的报纸；秋天是一座青铜的大钟，在园子的西北角上曾丢弃着一座很大的铜钟，铜钟与这园子一般年纪，浑身挂满绿锈，文字已不清晰；冬天，是林中空地上几只羽毛蓬松的老麻雀。以心绪对应四季呢？春天是卧病的季节，否则人们不易发觉春天的残忍与渴望；夏天，情人们应该在这个季节里失恋，不然就似乎对不起爱情；秋天是从外面买一棵盆花回家的时候，把花搁在阔别了的家中，并且打开窗户把阳光也放进屋里，慢慢回忆慢慢整理一些发过霉的东西；冬天伴着火炉和书，一遍遍坚定不死的决心，写一些并不发出的信。还可以用艺术形式对应四季，这样春天就是一幅画，夏天是一部长篇小说，秋天是一首短歌或诗，冬天是一群雕塑。以梦呢？以梦对应四季呢？春天是树尖上的呼喊，夏天是呼喊中的细雨，秋天是细雨中的土地，冬天是干净的土地上的一只孤零的烟斗。

因为这园子，我常感恩于自己的命运。

我甚至现在就能清楚地看见，一旦有一天我不得不长久地离开它，我会怎样想念它，我会怎样想念它并且梦见它，我会怎样因为不敢想念它而梦也梦不到它。


四


现在让我想想，十五年中坚持到这园子来的人都有谁呢？

好像只剩了我和一对老人。

　　十五年前，这对老人还只能算是中年夫妇，我则货真价实还是个青年。他们总是在薄暮时分来园中散步，我不大弄得清他们是从哪边的园门进来，一般来说他们是逆时针绕这园子走。男人个子很高，肩宽腿长，走起路来目不斜视，胯以上直至脖颈挺直不动；他的妻子攀了他一条胳膊走，也不能使他的上身稍有松懈。女人个子却矮，也不算漂亮，我无端地相信她必出身于家道中衰的名门富族；她攀在丈夫胳膊上像个娇弱的孩子，她向四周观望似总含着恐惧，她轻声与丈夫谈话，见有人走近就立刻怯怯地收住话头。我有时因为他们而想起冉阿让与柯赛特，但这想法并不巩固，他们一望即知是老夫老妻。两个人的穿着都算得上考究，但由于时代的演进，他们的服饰又可以称为古朴了。他们和我一样，到这园子里来几乎是风雨无阻，不过他们比我守时。我什么时间都可能来，他们则一定是在暮色初临的时候。刮风时他们穿了米色风衣，下雨时他们打了黑色的雨伞，夏天他们的衬衫是白色的裤子是黑色的或米色的，冬天他们的呢子大衣又都是黑色的，想必他们只喜欢这三种颜色。他们逆时针绕这园子一周，然后离去。他们走过我身旁时只有男人的脚步响，女人像是贴在高大的丈夫身上跟着漂移。我相信他们一定对我有印象，但是我们没有说过话，我们互相都没有想要接近的表示。十五年中，他们或许注意到一个小伙子进入了中年，我则看着一对令人羡慕的中年情侣不觉中成了两个老人。

　　曾有过一个热爱唱歌的小伙子，他也是每天都到这园中来，来唱歌，唱了好多年，后来不见了。他的年纪与我相仿，他多半是早晨来，唱半小时或整整唱一个上午，估计在另外的时间里他还得上班。我们经常在祭坛东侧的小路上相遇，我知道他是到东南角的高墙下去唱歌,他一定猜想我去东北角的树林里做什么。我找到我的地方,抽几口烟,便听见他谨慎地整理歌喉了。他反反复复唱么几首歌。"文化革命"没过去的时候,他唱"蓝蓝的天上白云飘,白云下面马儿跑……"我老也记不住这歌的名字。"文革"后,他唱《货郎与小姐》中那首最为流传的咏叹调:"卖布——卖布嘞,卖布——卖布嘞!"我记得这开头的一句他唱得很有声势,在早晨清澈的空气中,货郎跑遍园中的每一个角落去恭维小姐。"我交了好运气,我交了好运气,我为幸福唱歌曲……"然后他就一遍一遍地唱,不让货郎的激情稍减。依我听来,他的技术不算精到,在关键的地方常出差错,但他的嗓子是相当不坏的,而且唱一个上午也听不出一点儿疲惫。太阳也不疲惫,把大树的影子缩小成一团,把疏忽大意的蚯蚓晒干在小路上。将近中午,我们又在祭坛东侧相遇,他看一看我,我看一看他,他往北去,我往南去。日子久了,我感到我们都有结识的愿望,但似乎都不知如何开口,于是互相注视一下终又都移开目光擦身而过,这样的次数一多,便更不知如何开口了。终于有一天——一个丝毫没有特点的日子,我们互相点了一下头。他说:"你好。"我说:"你好。"他说:"回去啦?"我说:"是,你呢?"他说:"我也该回去了。"我们都放慢脚步(其实我是放慢车速),想再多说几句,但仍然是不知从何说起,这样我们就都走过了对方,又都扭转身子面向对方。他说:"那就再见吧。"我说:"好,再见。"便互相笑笑各走各的路了。但是我们没有再见,那以后,园中再没了他的歌声,我才想到,那天他或许是有意与我道别的,也许他考上哪家专业的文工团或歌舞团了吧? 真希望他如他歌里所唱的那样,交了好运气。

还有一些人,我还能想起一些常到这园子里来的人。有一个老头儿,算得一个真正的饮者;他在腰间挂一个扁瓷瓶,

209

瓶里当然装满了酒,常来这园中消磨午后的时光。他在园中四处游逛,如果你不注意你会以为园中有好几个这样的老头儿,等你看过了他卓尔不群的饮酒情状,你就会相信这是个独一无二的老头儿。他的衣着过分随便,走路的姿态也不慎重,走上五六十米路便选定一处地方,一只脚踏在石凳上或土埂上或树墩上,解下腰间的酒瓶,解酒瓶的当儿眯起眼睛把一百八十度视角内的景物细细看一遭,然后以迅雷不及掩耳之势倒一大口酒入肚,把酒瓶摇一摇再挂向腰间,平心静气地想一会儿什么,便走下一个五六十米去。还有一个捕鸟的汉子,那岁月园中人少,鸟却多,他在西北角的树丛中拉一张网,鸟撞在上面,羽毛饯在网眼里便不能自拔。他单等一种过去很多而现在非常罕见的鸟,其他的鸟撞在网上他就把它们摘下来放掉,他说已经有好多年没等到那种罕见的鸟了,他说他再等一年看看到底还有没有那种鸟,结果他又等了好多年。早晨和傍晚,在这园子里可以看见一个中年女工程师,早晨她从北向南穿过这园子去上班,傍晚她从南向北穿过这园子回家。事实上我并不了解她的职业或者学历,但我以为她必是个学理工的知识分子,别样的人很难有她那般的素朴并优雅。当她在园中穿行的时刻,四周的树林也仿佛更加幽静,清淡的日光中竟似有悠远的琴声,比如说是那曲《献给艾丽丝》才好。我没有见过她的丈夫,没有见过那个幸运的男人是什么样子,我想象过却想象不出,后来忽然懂了想象不出才好,那个男人最好不要出现。她走出北门回家去,我竟有点担心,担心她会落入厨房,不过,也许她在厨房里劳作的情景更有另外的美吧,当然不能再是《献给艾丽丝》,是个什么曲子呢?还有一个人,是我的朋友,他是个最有天赋的长跑家,但他被埋没了。他因为在"文革"中出言不慎而坐了几年牢,出来后好不容易找了个拉板车的工作,样样待遇都不能与别人平等,苦闷极了便练习长跑。那时他总来这园子里跑,我用手表为他计时,他每跑一圈向我招一下手,我就记下一个时间。每次他要环绕这园子跑二十圈,大约两万米。他盼望以他的长跑成绩来获得政治上真正的解放,他以为记者的镜头和文字可以帮他做到这一点。第一年他在春节环城赛上跑了第十五名,他看见前十名的照片都挂在了长安街的新闻橱窗里,于是有了信心。第二年他跑了第四名,可是新闻橱窗里只挂了前三名的照片,他没灰心。第三年他跑了第七名,橱窗里挂前六名的照片,他有点怨自己。第四年他跑了第三名,橱窗里却只挂了第一名的照片。第五年他跑了第一名——他几乎绝望了,橱窗里只有一幅环城赛群众场面的照片。那些年我们俩常一起在这园子里待到天黑,开怀痛骂,骂完沉默着回家,分手时再互相叮嘱:先别去死,再试着活一活看。现在他已经不跑了,年岁太大了,跑不了那么快了。最后一次参加环城赛,他以三十八岁之龄又得了第一名并破了纪录,有一位专业队的教练对他说:"我要是十年前发现你就好了。"他苦笑一下什么也没说,只在傍晚又来这园中找到我,把这事平静地向我叙说一遍。不见他已有好几年了,现在他和妻子和儿子住在很远的地方。

这些人现在都不到园子里来了,园子里差不多完全换了一批新人。十五年前的旧人,现在就剩我和那对老夫老妻了。有那么一段时间,这老夫老妻中的一个也忽然不来,薄暮时分唯男人独自来散步,步态也明显迟缓了许多,我悬心了很久,怕是那女人出了什么事。幸好过了一个冬天那女人又来了,两个人仍是逆时针绕着园子走,一长一短两个身影恰似钟表的两支指针;女人的头发白了很多,但依旧攀着丈夫的胳膊走得像个孩子。"攀"这个字用得不恰当了,或许可以用"挽"吧,不知有没有兼具这两个意思的字。

五

我也没有忘记一个孩子——一个漂亮而不幸的小姑娘。十五年前的那个下午，我第一次到这园子里来就看见了她，那时她大约三岁，蹲在斋宫西边的小路上捡树上掉落的"小灯笼"。那儿有几棵大栾树，春天开一簇簇细小而稠密的黄花，花落了便结出无数如同三片叶子合抱的小灯笼，小灯笼先是绿色，继而转白，再变黄，成熟了掉落得满地都是。小灯笼精巧得令人爱惜，成年人也不免捡了一个还要捡一个。小姑娘咿咿呀呀地跟自己说着话，一边捡小灯笼。她的嗓音很好，不是她那个年龄所常有的那般尖细，而是很圆润甚或是厚重，也许是因为那个下午园子里太安静了。我奇怪这么小的孩子怎么一个人跑来这园子里。我问她住在哪儿，她随手指一下，就喊她的哥哥，沿墙根一带的茂草之中便站起一个七八岁的男孩儿，朝我望望，看我不像坏人便对他的妹妹说"我在这儿呢"，又伏下身去；他在捉什么虫子。他捉到螳螂、蚂蚱、知了和蜻蜓，来取悦他的妹妹。有那么两三年，我经常在那几棵大栾树下见到他们，兄妹俩总是在一起玩儿，玩儿得和睦融洽，都渐渐长大了些。之后有很多年没见到他们。我想他们都在学校里吧，小姑娘也到了上学的年龄，必是告别了孩提时光，没有很多机会来这儿玩儿了。这事很正常，没理由太搁在心上，若不是有一年我又在园中见到他们，肯定就会慢慢把他们忘记。

那是个礼拜日的上午。那是个晴朗而令人心碎的上午。时隔多年，我竟发现那个漂亮的小姑娘原来是个弱智的孩子。我摇着车到那几棵大栾树下去，恰又是遍地落满了小灯笼的季节。当时我正为一篇小说的结尾所苦,既不知为什么要给它那样一个结尾,又不知何以忽然不想让它有那样一个结尾,于是从家里跑出来,想依靠着园中的镇静,看看是否应该把那篇小说放弃。我刚刚把车停下,就见前面不远处有几个人在戏耍一个少女,做出怪样子来吓她,又喊又笑地追逐她拦截她。少女在几棵大树间惊惶地东跑西躲,却不松手揪卷在怀里的裙裾,两条腿袒露着也似毫无察觉。我看出少女的智力是有些缺陷,却还没看出她是谁。我正要驱车上前为少女解围,就见远处飞快地骑车来了个小伙子,于是那几个戏耍少女的家伙望风而逃。小伙子把自行车支在少女近旁,怒目望着那几个四散逃窜的家伙,一声不吭喘着粗气,脸色如暴雨前的天空一样一会儿比一会儿苍白。这时我认出了他们,小伙子和少女就是当年那对小兄妹。我几乎是在心里惊叫了一声,或者是哀号。世上的事常常使上帝的居心变得可疑。小伙子向他的妹妹走去。少女松开了手,裙裾随之垂落下来,很多很多她捡的小灯笼便洒落一地,铺散在她脚下。她仍然算得上漂亮,但双眸迟滞没有光彩。她呆呆地望着那群跑散的家伙,望着极目之处的空寂,凭她的智力绝不可能把这个世界想明白吧?大树下,破碎的阳光星星点点,风把遍地的小灯笼吹得滚动,仿佛暗哑地响着的无数小铃铛。哥哥把妹妹扶上自行车后座,带着她无言地回家去了。

　　无言是对的。要是上帝把漂亮和弱智这两样东西都给了这个小姑娘,就只有无言和回家去是对的。

　　谁又能把这世界想个明白呢?世上的很多事是不堪说的。你可以抱怨上帝何以要降诸多苦难给这人间,你也可以为消灭种种苦难而奋斗,并为此享有崇高与骄傲,但只要你再多想一步你就会坠入深深的迷茫了:假如世界上没有了苦难,世界还能够存在吗？要是没有愚钝，机智还有什么光荣呢？要是没了丑陋，漂亮又怎么维系自己的幸运？要是没有了恶劣和卑下，善良与高尚又将如何界定自己又如何成为美德呢？要是没有了残疾，健全会否因其司空见惯而变得腻烦和乏味呢？我常梦想着在人间彻底消灭残疾，但可以相信，那时将由患病者代替残疾人去承担同样的苦难。如果能够把疾病也全数消灭，那么这份苦难又将由（比如说）相貌丑陋的人去承担了。就算我们连丑陋，连愚昧和卑鄙和一切我们所不喜欢的事物和行为，也都可以统统消灭掉，所有的人都一样健康、漂亮、聪慧、高尚，结果会怎样呢？怕是人间的剧目就全要收场了，一个失去差别的世界将是一潭死水，是一块没有感觉也没有肥力的沙漠。

看来差别永远是要有的。看来就只好接受苦难——人类的全部剧目需要它，存在的本身需要它。看来上帝又一次对了。

于是就有一个最令人绝望的结论等在这里：由谁去充任那些苦难的角色？又由谁去体现这世间的幸福、骄傲和欢乐？只好听凭偶然，是没有道理好讲的。

就命运而言，休论公道。

那么，一切不幸命运的救赎之路在哪里呢？

设若智慧或悟性可以引领我们去找到救赎之路，难道所有的人都能够获得这样的智慧和悟性吗？

我常以为是丑女造就了美人。我常以为是愚氓举出了智者。我常以为是懦夫衬照了英雄。我常以为是众生度化了佛祖。

六

设若有一位园神，他一定早已注意到了，这么多年我在这园里坐着，有时候是轻松快乐的，有时候是沉郁苦闷的，有时候优哉游哉，有时候恓惶落寞，有时候平静而且自信，有时候又软弱，又迷茫。其实总共只有三个问题交替着来骚扰我，来陪伴我。第一个是要不要去死？第二个是为什么活？第三个，我干吗要写作？

现在让我看看，它们迄今都是怎样编织在一起的吧。

你说，你看穿了死是一件无须乎着急去做的事，是一件无论怎样耽搁也不会错过的事，便决定活下去试试？是的，至少这是很关键的因素。为什么要活下去试试呢？好像仅仅是因为不甘心，机会难得，不试白不试，腿反正是完了，一切仿佛都要完了，但死神很守信用，试一试不会额外再有什么损失。说不定倒有额外的好处呢是不是？我说过，这一来我轻松多了，自由多了。为什么要写作呢？"作家"是两个被人看重的字，这谁都知道。为了让那个躲在园子深处坐轮椅的人，有朝一日在别人眼里也稍微有点光彩，在众人眼里也能有个位置，哪怕那时再去死呢也就多少说得过去了。开始的时候就是这样想，这不用保密。这些现在不用保密了。

我带着本子和笔，到园中找一个最不为人打扰的角落，偷偷地写。那个爱唱歌的小伙子在不远的地方一直唱。要是有人走过来，我就把本子合上把笔叼在嘴里。我怕写不成反落得尴尬。我很要面子。可是你写成了，而且发表了。人家说我写得还不坏，他们甚至说：真没想到你写得这么好。我心说你们没想到的事还多着呢。我确实有整整一宿高兴得没合眼。我很想让那个唱歌的小伙子知道，因为他的歌也毕竟是唱得不错。我告诉我的长跑家朋友的时候，那个中年女工程师正优雅地在园中穿行。长跑家很激动，他说好吧，我玩儿命跑，你玩儿命写。这一来你中了魔了，整天都在想哪一件事可以写,哪一个人可以让你写成小说。是中了魔了,我走到哪儿想到哪儿,在人山人海里只寻找小说,要是有一种小说试剂就好了,见人就滴两滴看他是不是一篇小说,要是有一种小说显影液就好了,把它泼满全世界看看都是哪儿有小说,中了魔了,那时我完全是为了写作活着。结果你又发表了几篇,并且出了一点小名,可这时你越来越感到恐慌。我忽然觉得自己活得像个人质,刚刚有点像个人了却又过了头,像个人质,被一个什么阴谋抓了来当人质,不定哪天就被处决,不定哪天就完蛋。你担心要不了多久你就会文思枯竭,那样你就又完了。凭什么我总能写出小说来呢?凭什么那些适合作小说的生活素材就总能送到一个截瘫者跟前来呢?人家满世界跑都有枯竭的危险,而我坐在这园子里凭什么可以一篇接一篇地写呢?你又想到死了。我想见好就收吧。当一名人质实在是太累了太紧张了,太朝不保夕了。我为写作而活下来,要是写作到底不是我应该干的事,我想,我再活下去是不是太冒傻气了?你这么想着你却还在绞尽脑汁地想写。我好歹又拧出点水来,从一条快要晒干的毛巾上。恐慌日甚一日,随时可能完蛋的感觉比完蛋本身可怕多了,所谓不怕贼偷就怕贼惦记,我想人不如死了好,不如不出生的好,不如压根儿没有这个世界的好。可你并没有去死。我又想到那是一件不必着急的事。可是不必着急的事并不证明是一件必要拖延的事呀!你总是决定活下来,这说明什么?是的,我还是想活。人为什么活着?因为人想活着,说到底是这么回事,人真正的名字叫作:欲望。可我不怕死,有时候我真的不怕死。有时候,——说对了。不怕死和想去死是两回事,有时候不怕死的人是有的,一生下来就不怕死的人是没有的。我有时候倒是怕活。可是怕活不等于不想活呀?可我为什么还想活呢?因为你还想得到点什么,你觉得你还是可以得到点什么的,比如说爱情,比如说价值感之类,人真正的名字叫欲望。这不对吗? 我不该得到点什么吗? 没说不该。可我为什么活得恐慌,就像个人质? 后来你明白了,你明白你错了,活着不是为了写作,而写作是为了活着。你明白了这一点是在一个挺滑稽的时刻。那天你又说你不如死了好,你的一个朋友劝你:你不能死,你还得写呢,还有好多好作品等着你去写呢。这时候你忽然明白了,你说:只是因为我活着,我才不得不写作。或者说只是因为你还想活下去,你才不得不写作。是的,这样说过之后我竟然不那么恐慌了。就像你看穿了死之后所得的那份轻松? 一个人质报复一场阴谋的最有效的办法是把自己杀死。我看出我得先把我杀死在市场上,那样我就不用参加抢购题材的风潮了。你还写吗? 还写。你真的不得不写吗? 人都忍不住要为生存找一些牢靠的理由。你不担心你会枯竭了? 我不知道,不过我想,活着的问题在死之前是完不了的。

这下好了,您不再恐慌了不再是个人质了,您自由了。算了吧你,我怎么可能自由呢? 别忘了人真正的名字是:欲望。所以您得知道,消灭恐慌的最有效的办法就是消灭欲望。可是我还知道,消灭人性的最有效的办法也是消灭欲望。那么,是消灭欲望同时也消灭恐慌呢,还是保留欲望同时也保留人性?

我在这园子里坐着,我听见园神告诉我:每一个有激情的演员都难免是一个人质。每一个懂得欣赏的观众都巧妙地粉碎了一场阴谋。每一个乏味的演员都是因为他老以为这戏剧与自己无关。每一个倒霉的观众都是因为他总是坐得离舞台太近了。

我在这园子里坐着,园神成年累月地对我说:孩子,这不是别的,这是你的罪孽和福祉。

# 七

　　要是有些事我没说，地坛，你别以为是我忘了，我什么也没忘，但是有些事只适合收藏。不能说，也不能想，却又不能忘。它们不能变成语言，它们无法变成语言，一旦变成语言就不再是它们了。它们是一片朦胧的温馨与寂寥，是一片成熟的希望与绝望，它们的领地只有两处：心与坟墓。比如说邮票，有些是用于寄信的，有些仅仅是为了收藏。

　　如今我摇着车在这园子里慢慢走，常常有一种感觉，觉得我一个人跑出来已经玩儿得太久了。有一天我整理我的旧相册，看见一张十几年前我在这园子里照的照片——那个年轻人坐在轮椅上，背后是一棵老柏树，再远处就是那座古祭坛。我便到园子里去找那棵树。我按着照片上的背景找很快就找到了它，按着照片上它枝干的形状找，肯定那就是它。但是它已经死了，而且在它身上缠绕着一条碗口粗的藤萝。我当然记得园工们种那棵藤萝时的情景，我却不记得是在什么时候它已经长到了碗口粗。有一天我在这园子里碰见一个老太太，她说："哟，你还在这儿哪？"她问我："你母亲还好吗？""您是谁？""你不记得我，我可记得你。有一回你母亲来这儿找你，她问我您看没看见一个摇轮椅的孩子？……"我忽然觉得，我一个人跑到这世界上来玩儿真是玩儿得太久了。有一天夜晚，我独自坐在祭坛边的路灯下看书，忽然从那漆黑的祭坛里传出一阵阵唢呐声。四周都是参天古树，方形的祭坛占地几百平米空旷坦荡独对苍天，我看不见那个吹唢呐的人，唯唢呐声在星光寥寥的夜空里低吟高唱，时而悲怆时而欢快，时而缠绵时而苍凉，或许这几个词都不足以形容它，我清清醒醒地听出它响在过去,响在现在,响在未来,回旋飘转亘古不散。

必有一天,我会听见喊我回去。

那时您可以想象一个孩子,他玩儿累了可他还没玩儿够呢,心里好些新奇的念头甚至等不及到明天。也可以想象是一个老人,无可置疑地走向他的安息地,走得任劳任怨。还可以想象一对热恋中的情人,互相一次次说"我一刻也不想离开你",又互相一次次说"时间已经不早了",时间不早了可我一刻也不想离开你,一刻也不想离开你可时间毕竟是不早了。

我说不好我想不想回去。我说不好是想还是不想,还是无所谓。我说不好我是像那个孩子,还是像那个老人,还是像一个热恋中的情人。很可能是这样:我同时是他们三个。我来的时候是个孩子,他有那么多孩子气的念头所以才哭着喊着闹着要来,他一来一见到这个世界便立刻成了不要命的情人,而对一个情人来说,不管多么漫长的时光也是稍纵即逝,那时他便明白,每一步每一步,其实一步步都是走在回去的路上。当牵牛花初开的时节,葬礼的号角就已吹响。

但是太阳,它每时每刻都是夕阳也都是旭日。当它熄灭着走下山去收尽苍凉残照之际,正是它在另一面燃烧着爬上山巅布散烈烈朝晖之时。那一天,我也将沉静着走下山去,扶着我的拐杖。那一天,在某一处山洼里,势必会跑上来一个欢蹦的孩子,抱着他的玩具。

当然,那不是我。

但是,那不是我吗?

宇宙以其不息的欲望将一个歌舞炼为永恒。这欲望有怎样一个人间的姓名,大可忽略不计。


写于1989年5月5日,修改于1990年1月7日

## 【思考题】

（1）地坛对于史铁生而言,是一种怎样的存在?

地坛在史铁生眼里不只是一个地点,更像是一位看尽繁华、历尽沧桑的老者。在作者笔下,地坛像是知道史铁生要来,于是在四百多年里主动地"剥蚀了古殿檐头浮夸的琉璃,淡褪了门壁上炫耀的朱红,坍圮了一段段高墙又散落了玉砌雕栏"。然而"剥蚀了""淡褪了""坍圮了"的是地坛外在的繁华,与此同时,"祭坛四周的老柏树"和"到处的野草荒藤"这些象征着蓬勃生命力的植物却愈加苍幽茂盛。地坛以其残损之躯接纳了同为残损之躯的史铁生,同时也以大自然旺盛的生命力照亮了史铁生的心灵,使他对命运有了深入的感悟,重新燃起了他继续活下去的希望。

（2）"荒芜"指荒凉,无人管理,杂草丛生。"衰败"的意思是衰落,衰弱。作者为何郑重其事地在文中强调"这都是真实的记录,园子荒芜但并不衰败"?

地坛是明清两代帝王祭祀地神的场所,不难想象其曾经的繁盛与辉煌。可随着时代变迁,加之缺乏管理,年久失修,地坛在四百多年风雨的洗礼下,如今已变得荒芜。地坛由盛转衰的历史让史铁生想到自己的命运:在风华正茂的二十一岁忽然双腿瘫痪,从曾经的校跳远冠军,到被禁锢在轮椅上。史铁生彼时的遭遇也是由盛转衰,由完整到残缺。物与人一样,有着相同的命运,让史铁生对地坛产生了一种同病相怜、惺惺相惜之感。虽然地坛缺乏管理，人迹罕至，人文景观剥蚀坍圮，但自然景观却欣欣向荣，并不衰败。蜂儿、蚂蚁、瓢虫、草木……它们历经四百多年，同样无人看管，但生生不息，涌动着蓬勃的生命力。仔细琢磨史铁生对地坛中动植物的描写，大有深意。蜂儿稳稳地停在半空似在沉思静坐；摇头晃脑的蚂蚁像是在思考虫生，充满灵性的蚂蚁也会像人一样顿悟，"猛然间想透了什么，转身疾行而去"；瓢虫也会有人的情绪，会烦、会累，然而又不沉溺于这种负面情绪，"祈祷一回便支开翅膀，忽悠一下升空了"，能适时地从负面情绪中抽离出来，能自我超越；树干上留着的蝉蜕让人想到成语"金蝉脱壳"，在遇到困难时，巧妙地脱身逃遁，或是脱离躯体的束缚，完成精神的超越；"露水在草叶上滚动，聚集"，就像苦难的叠加，露水压弯了草叶，犹如苦难压得人喘不过气来，然而草叶有韧性，压而不折，偏又将露珠"摔开万道金光"。史铁生笔下的动植物有其困惑、烦恼、顿悟、努力和挣扎，"满园子都是草木竞相生长弄出的响动，窸窸窣窣窸窸窣窣片刻不息"，史铁生将"窸窸窣窣"这一拟声词特意重复两遍，使读者阅读的时候，不觉满耳都是这"窸窸窣窣"的响声。这一句从听觉的角度，写出了草木生长、风吹草动，一派生机勃勃的景象。细读文本还会发现，这些动植物的特征在作者笔下具有既相互对立又相互关联的二元对立性，渺小与充满活力，被压迫与反抗，卑微与崇高。个体的生命具有二元对立的特点，整个园子也便有了二元对立的特点，"园子荒芜但并不衰败"。荒芜是时代变迁、风雨洗礼所留下的印记，荒芜只是外在形态，而园子内的小生灵们却顽强不屈地活出生命的精彩，园子里的一切促使作者思考生与死的问题，鼓舞着他同命运抗争。

（3）史铁生在地坛遇到了哪些人？这些人分别有什么特

点？他对他们的态度如何？通过观察和写这些人，他获得了哪些感悟？请根据提示填写下列表格。

| 地坛中遇到的人 | 特　点 | 史铁生对他们的态度 | 感　悟 |
|---|---|---|---|
| 老夫妇 | | | |
| | | | |
| | | | |
| | | | |
| | | | |
| | | | |
| 一个漂亮而不幸的小姑娘 | | | |

参考答案：

| 地坛中遇到的人 | 特　点 | 史铁生对他们的态度 | 感　悟 |
|---|---|---|---|
| 老夫妇 | 相扶到老 | 羡慕 | 你可以抱怨上帝何以要降诸多苦难给这人间，你也可以为消灭种种苦难而奋斗，并为此享有崇高与骄傲，但只要你再多想一步你就会坠入深深的迷茫了；就命运而言， |
| 小伙子 | 热爱唱歌，追求梦想 | 祝愿 | |
| 老头儿 | 真正的饮者，常来这园中消磨午后的时光，随性 | | |
| 捕鸟的汉子 | 执着 | | |

222

| 地坛中遇到的人 | 特　点 | 史铁生对他们的态度 | 感　悟 |
|---|---|---|---|
| 中年女工程师 | 必是个学理工的知识分子，素朴并优雅 | 欣赏 | 休论公道；世上的事常常使上帝的居心变得可疑 |
| 最有天赋的长跑家 | 被埋没，努力，平静 | 惋惜 | |
| 一个漂亮而不幸的小姑娘 | 漂亮，但双眸迟滞没有光彩，智力有缺陷 | ╱ | |

（4）史铁生在地坛悟到了"死是一件不必急于求成的事，死是一个必然会降临的节日"。这与印度诗人泰戈尔说的"生如夏花之绚烂，死如秋叶之静美"有着异曲同工之妙。请你思考人应该如何看待"死亡"？

理解命运的安排，死是每个人都要经历的。如果把人生比作一段旅程，人生就是从出发地走向终点站，所以不必急于求成，一步"飞跃"到终点，而应该且行且歌，观赏一路的风景，过好每一天，这样等到了终点站也能镇定地挥手道别。如果以植物作喻，活着的时候要像夏天盛开的花一样绚烂、繁盛，活出精彩，活出意义；面对死亡则要像秋叶凋零一样自然，秋天树叶凋零是自然现象，人是大自然的一员，那么人的死亡也是自然现象，应肃穆、坦然地面对死亡。

（5）史铁生在参悟到死是一个必然会降临的节日后，开始思考怎样活的问题。他以六个"譬如"构成排比，看似是在勾勒地坛的概貌，实际上是通过写地坛里的所见来思考"怎样活"

的问题。史铁生从地坛灿烂的时刻写到落寞的时刻;从地坛里的孩子写到苍黑的古柏;从暴雨骤临园中时的景象写到秋风忽至的景象。请你通过分析文中景物、人物描写中一些既相互对立又相互关联的二元对立项,探索这些看似矛盾的特征给了史铁生怎样的启示,并形成表格。

| 地 坛 景 物 | 二元对立特点 | | 启 示 |
|---|---|---|---|
| 譬如祭坛石门中的落日,寂静的光辉平铺的一刻,地上的每一个坎坷都被映照得灿烂 | 没落、消逝 | 灿烂 | 日落时分是一天中白昼与黑夜交接的时刻,总会让人联想到时间的流逝,落日的余晖未尽,不留余力地将地上的每一个坎坷映照得灿烂,虽无法阻挡时间的流逝,但努力活得灿烂 |
| 譬如在园中最为落寞的时间,一群雨燕便出来高歌,把天地都喊叫得苍凉 | 落寞、苍凉 | 高歌 | 荒芜表象下深藏巨大的生命力,再卑微的生命也要努力绽放 |
| 譬如冬天雪地上孩子的脚印,总让人猜想他们是谁,曾在那儿做过些什么,然后又都到哪儿去了 | 年轻、活泼 | 短暂 | 个人的渺小、短暂,自然的伟大、永恒。大有苏轼《赤壁赋》中的意味:"盖将自其变者而观之,则天地曾不能以一瞬;自其不变者而观之,则物与我皆无尽也。" |
| 譬如那些苍黑的古柏,你忧郁的时候它们镇静地站在那儿,你欣喜的时候它们依然镇静地站在那儿,它们没日没夜地站在那儿从你没有出生一直站到这个世界上又没了你的时候 | 苍黑、古老 | 永恒、亘古不变 | |

| 地 坛 景 物 | 二元对立特点 | | 启 　 示 |
|---|---|---|---|
| 譬如暴雨骤临园中,激起一阵阵灼烈而清纯的草木和泥土的气味儿,让人想起无数个夏天的事件 | 灼烈 | 清纯 | 人生中无论是暴雨骤临,还是秋风忽至,都坦然接受命运,正如尼采说"伟大的人是爱命运的",既不屈从它,也不怨恨它 |
| 譬如秋风忽至,再有一场早霜,落叶或飘摇歌舞或坦然安卧,满园中播散着熨帖而微苦的味道 | 萧索、微苦 | 坦然、熨帖 | |

（6）如何理解"地坛不语,却给出所有答案"？

史铁生在地坛找到了要不要活、怎么活的答案后,接纳了自己,接着将视界稍稍越出自身的范围,回忆起当年下肢截瘫后和母亲生活的一段经历,意识到"我"的行为给母亲造成的痛苦,悔恨当时沉浸在自己的痛苦中,来不及为母亲着想,甚至来不及体会母亲的痛苦。"多年来我头一次意识到,这园中不单是处处都有过我的车辙,有过我的车辙的地方也都有过母亲的脚印。""多年来"和"头一次"流露出作者幡然醒悟时内心深深的歉疚。"车辙"和"脚印"的交叠,既是"我"的轮椅在地坛留下的痕迹和母亲寻找"我"留下的印记的实指,也是我扶轮问路的生命探索、精神跋涉和这背后母亲陪伴的力量的虚指。地坛是帮助"我"走出困境的地方,也是帮助"我"走进母亲内心的地方。

（7）地坛带给史铁生一些生命的启迪,文中写道:"我常感恩于自己的命运。"史铁生在地坛中得到了哪些生命的启迪？

在《被讨厌的勇气:自我启发之父阿德勒的哲学课》中,阐释了心理学家阿德勒"共同体"思想的三个层级:自我接纳、他者信赖、他者贡献。史铁生在地坛中的领悟也清晰地体现出这三个层级的跨越。

史铁生从跌入谷底、多次寻死到明白"死是一件不必急于求成的事，死是一个必然会降临的节日"，他逐渐接纳了自己。自我接纳是阿德勒"共同体"思维的基础层。自我接纳就是全面细化地了解自己之后悦纳真实的自己，爱命运。

因为接纳了自己，才有了时间和精力去关注他人，接纳他人，所以之后史铁生的视界不再局限于自我，而是转向他人，他关注到地坛里的其他人，开始观察他人都有什么样的命运和活法。一对相扶到老的老夫妇，热爱唱歌、追逐梦想的小伙子，常来消磨午后时光的老头儿，执着的捕鸟汉子，素朴并优雅的中年女工程师，被埋没的长跑家，漂亮而不幸的小姑娘。史铁生在他们身上看到了岁月流逝与真情永驻：看到了"执子之手，与子偕老"的真挚爱情；看到了心存热爱的美好、追逐梦想的执着；看到了洒脱不羁的人生态度；看到了执着的等待；看到了与命运较量的孤勇；看到了上帝造物的恩宠与不公……既而看到了天地之阔大、众生之纷繁、个体之渺小。《中国当代文学史》中评论史铁生的一段话极为中肯："由个人严酷的命运上升到生命永恒的流变，史铁生终于超越了个体生命中有限的必然，把自己的沉思带入到了生命全体的融会之中，这时所体现出的个人对苦难的承受已不再是偏狭的绝望，而呈现为对人类整体存在的担当。"

地坛就是史铁生悟道之所，在地坛中史铁生不仅接受了自己的命运，还通过目睹他人的命运，领悟了"就命运而言，休论公道"。他从自身的苦难中超拔出来，探寻"一切不幸命运的救赎之路"。史铁生通过写作，撞开了一条不幸命运的救赎通道，为自己点亮了一盏灯，温暖了自己的同时也照亮了无数的读者，成为一位生命的点灯人。史铁生在地坛中的沉思从"自我接纳""他者信赖"跨越到"他者贡献"的精神层次。

（8）请你思考痛苦给史铁生带来了什么，你能举出其他相似的人物故事事例吗？

根据德国存在主义哲学大师雅斯贝尔斯的观点，身患绝症，亲人死亡，面临生死关头，个体与他人、社会之间的对话关系出现断裂，人置身于日常的生存秩序之外，这是所谓的"边缘情境"。"边缘情境"能促使人突然觉悟，迫使人们重新审视生命存在的本真价值，寻找人生的终极意义。释迦牟尼出宫游玩，目睹百姓疾苦，于是离开膏粱锦绣的生活，萌生救度众生的愿望，寻求解脱的境界，在菩提树下领悟佛理；王阳明谪官龙场，环境艰险、居无定所、衣食无着、受人迫害，山穷水尽疑无路，龙场悟道又逢生；史铁生双腿瘫痪，母亲去世，之后双肾失灵，面对接踵而至的苦难，他扶轮问路，史铁生的心灵在地坛得到安顿，他也在苦难中获得顿悟与涅槃。释迦牟尼、王阳明和史铁生都是经历过"边缘情境"之后上升到一个更高的境界。

正如史铁生在《好运设计》中说的："你立于目的的绝境却实现着、欣赏着、饱尝着过程的精彩，你便把绝境送上了绝境。"

（9）请谈一谈《我与地坛》的艺术特色。

融写景、抒情、议论于一炉，充满哲理思辨。史铁生这里不是对景物进行客观描摹，而是将景物的特点和自己的特点或感受结合起来，和外物的生命历程共情。例如，地坛曾是帝王叩问天命的辉煌之地，随着封建王朝的倾覆和帝制的坍塌，它"剥蚀了古殿檐头浮夸的琉璃，淡褪了门壁上炫耀的朱红，坍圮了一段段高墙又散落了玉砌雕栏"。岁月偷换、时移世易的沧桑与残酷让正值大好年华却被禁锢在轮椅上的史铁生产生了"同是天涯沦落人"的感觉。在史铁生看来,地坛已不再是客观存在,更像是自己的难兄难弟。史铁生还发现园子虽然荒芜但并不衰败。人文建筑虽剥蚀坍圮,但自然景物却欣欣向荣。史铁生笔下的动物渺小又充满活力,被压迫又勇于反抗,卑微而又崇高,这些渺小又顽强的动物让史铁生照见了自己,启发他超越困境,寻找生命的意义。

细节描写,感人至深。突如其来的病魔将史铁生禁锢在轮椅上,当时的他内心充满愤怒、怨恨等情绪,感到不公,"脾气坏到极点""经常是发了疯一样地离开家"。母亲一方面理解儿子的痛苦,另一方面担心儿子,所以经常悄悄一人跟在"我"身后。作者通过细节描写,如"她来找我又不想让我发觉,只要见我还好好地在这园子里,她就悄悄转身回去;我看见过几次她的背影。我也看过见几回她四处张望的情景,她视力不好,托着眼镜像在寻找海上的一条船",以朴实无华的语言,将母亲的包容与隐忍、痛苦与无奈体现得淋漓尽致。

图书在版编目(CIP)数据

课读经典. 12,6 课精读史铁生/史铁生著;柳旭课读. —上海：复旦大学出版社,2024.6
(课读经典系列)
ISBN 978-7-309-17183-9

Ⅰ.①课… Ⅱ.①史… ②柳… Ⅲ.①阅读课-中学-教学参考资料 Ⅳ.①G634.333

中国国家版本馆 CIP 数据核字(2024)第 016664 号

课读经典 12：6 课精读史铁生
KEDU JINGDIAN 12：6 KE JINGDU SHI TIESHENG
史铁生 著 柳 旭 课读
责任编辑/刘西越

复旦大学出版社有限公司出版发行
上海市国权路 579 号 邮编：200433
网址：fupnet@fudanpress.com http://www.fudanpress.com
门市零售：86-21-65102580 团体订购：86-21-65104505
出版部电话：86-21-65642845
上海丽佳制版印刷有限公司

开本 890 毫米×1240 毫米 1/32 印张 7.375 字数 166 千字
2024 年 6 月第 1 版
2024 年 6 月第 1 版第 1 次印刷

ISBN 978-7-309-17183-9/G·2560
定价：39.00 元